Liebe Carmen!

Von Herzen Danke

für unseren gemeinsamen

Weg!

Deine Jude

23. 3. 2024

Mirjam Saeger (Hrsg.)

Chancenerkenner statt Krisentaucher Vol. 2

Mit Zuversicht Krisen meistern

© 2021 Mirjam Saeger

Coverdesign und Illustration: www.Covermanufaktur.Art
Buchsatz: www.Covermanufaktur.Art
(ausgenommen Kapitel „Zurück ins Licht !?")

Korrektorat: Textarbeit Rabea Weller

Verlag/Druck: Expertition. Holte 5, 51688 Wipperfürth
tredition GmbH, Halenreie 40-44,
22359 Hamburg und weitere

ISBN Hardcover 978-3-9822312-4-2
ISBN e-Book 978-3-9822312-5-9

Das Werk, einschließlich seiner Teile, ist urheberrechtlich geschützt. Jede Verwertung ist ohne Zustimmung der Autoren unzulässig. Dies gilt insbesondere für die elektronische oder sonstige Vervielfältigung, Übersetzung, Verbreitung und öffentliche Zugänglichmachung.

Liebe Lesende, aus Gründen der besseren Lesbarkeit bei Personenbezeichnungen und personenbezogenen Hauptwörtern wird in diesem Buch grammatikalisch gemischt und sowohl die männliche als auch die weibliche Form verwendet. Entsprechende Begriffe gelten im Sinne der Gleichbehandlung aber grundsätzlich für alle Geschlechter und beinhalten keine Wertung.

Inhaltsverzeichnis

Vorwort von Andreas Klar 4

Das Problem bist du! 5

Du bist die Nummer eins! 9
Christiane Braas

Zurück ins Licht !? 31
Barbara Eiblmaier

Mit Markendesign zur Lieblingsmarke 53
Alwine Herkules

Entdecke und werde die Frau,
die du wirklich bist 63
Birte Pahlmann

Reine Liebe – kraftvolles Sein 77
Karin Prem

Was steckt eigentlich in dir? 109
Mirjam Saeger

Die Energie, die freigesetzt wird,
in dem Augenblick,
in dem du es dir erlaubst 119
Simone Schraner

Das SAKE-Prinzip 149
Anna Katharina Steiger

Elternschaft heute –
gefangen zwischen Erwartungen und Schuld? 165
Ute Wagner

Vorwort von Andreas Klar

Liebe Autorinnen,

noch bevor ich mit meinem Vorwort beginne, möchte ich mich zuallererst bei euch bedanken. Es freut mich ganz besonders, dass ihr als wertvolle Mitglieder der „AK-Family official®" euer Wissen und eure Rezepte mit den Leserinnen und Lesern dieses Buches teilt.

Mit vielen von euch verbindet mich eine langjährige, vertrauensvolle Zusammenarbeit und es macht mich besonders stolz, euch nun auch auf eurem Weg zur Buchautorin ein Stück begleiten zu dürfen. Danke für euer Wirken, euer Sein und dafür, dass ihr euer geschätztes Wissen nicht nur in diesem Buch, sondern auch in euren Coachings, Mentorings und Kursen weitergebt und somit Menschen inspiriert.

Von Herzen DANKE

Euer **Andreas**

Das Problem bist du!

Harte Worte zu Beginn dieses Buches, ich weiß. Vor einigen Wochen habe ich dieses Statement in leicht abgewandelter Form in meiner Facebook-Gruppe „Als Coach finanziell frei dank KundenSOG" gepostet. Die Reaktionen waren gespalten. Neben vielen Jas erntete ich auch einige verständnislose Kommentare und Nachfragen: „Wie meinst du das? Ich bin doch kein Problem" oder „Ich nenne es lieber Herausforderung." Doch viele konnten es nachvollziehen und bestätigen. Ich bin das Problem. Und du bist das Problem. Und das ist eines meiner wertvollsten Learnings aus über 20 Jahren Unternehmertum.

Stelle dir einmal vor, in deinem Business oder deinem Job läuft es nicht wie gewünscht. Vielleicht hast du Kundenmangel, deine Ads laufen nicht oder du arbeitest immer noch zu viel organisatorisch im Unternehmen anstatt an deinem Wachstum. Oder du bekommst an deinem Arbeitsplatz permanent ungeliebte Aufgaben auf den Tisch, weißt nicht mehr ein noch aus, wie du alles schaffen sollst und überlegst schon, hinzuwerfen.

Natürlich kannst du nun den äußeren Umständen die Schuld geben und sicherlich gibt es auch Faktoren, die deine Situation nicht gerade leichter machen oder verbessern. Doch ich bleibe bei meiner anfänglichen Aussage: Das Problem bist du. Wie meine ich das nun genau?

Wenn du nicht weißt, wo du hin möchtest, dann ist jeder Weg der Falsche. Wenn du nicht weißt, wie du als Selbstständiger oder Unternehmer deine Tage gestalten möchtest, dann ist jede Morgenroutine die Falsche. Wenn du als Angestellter keine klaren Grenzen ziehst, dann ist es nur logisch, dass diese immer wieder übertreten werden. Genau das habe ich in über 20 Jahren, die ich nun mit dem Aufbau verschiedener Unternehmen verbracht habe, nicht nur bei mir, sondern auch bei meinen Kunden beobachtet. Immer dann, wenn es kritisch wurde, steckte dahinter genau ein wesentliches Problem: nämlich ich. Ich mit meinem Mindset, unklaren oder verqueren Vorstellungen. Ich, der nicht groß genug gedacht hat oder aus einer Mücke einen Elefanten machte.

Ich, der morgens schon mies gelaunt aufstand und damit mein Umfeld ansteckte. Ich, der vergessen hatte, wohin die Reise gehen sollte.

Doch jetzt kommt die gute Nachricht: Wenn ich das Problem bin, bin ich auch die Lösung! Ich habe es in der Hand, von einem Moment auf den anderen meine Gedanken zu steuern und mir eine neue Stimmung zu erschaffen. Durch mich entstehen neue Ideen und Lösungen für scheinbar unlösbare Probleme. Es liegt in meiner Verantwortung, meine Tage so zu strukturieren, wie es mir passt. Es ist mein Leben, also gestalte ich es aktiv, sowohl beruflich als auch privat. Ich agiere, anstatt zu reagieren!

Vielleicht klingt dir das an dieser Stelle zu leicht, deshalb lade ich dich auf folgendes Experiment ein:

Gehe morgen früh einfach einmal mit einem Lächeln auf jeden Menschen zu, den du triffst. Denke nur das Beste von diesen Personen (selbst wenn das bei dem ein oder anderen eine wirkliche Herausforderung werden kann). Sei dir sicher und bewusst, dass der Tag dir gehört und fantastisch wird. Verscheuche graue Gedanken sofort und sei zu 100 Prozent positiv. Wisse, dass du deine Ziele erreichen wirst und ihnen von Minute zu Minute näher kommst. Und dann beobachte, was passiert.

Gehst du stattdessen mit schlechter Laune, trüben Gedanken und mies gelaunt durch den Tag, dann glaube mir, verläuft dein Tag komplett anders. Gibt es also ein Problem in deinem Leben, sei es in deinem Business- oder Privatleben, dann lade ich dich an dieser Stelle ein, über die Ursache nachzudenken, und schnell wirst du darauf stoßen, dass du die Lösung bist. Denn wenn du das Problem bist, trägst auch du die Lösung in dir.

Schon tausende Menschen durfte ich dabei begleiten, genau das zu erkennen. Strategien sind wichtig und richtig, und ohne Planung funktioniert kein Business. Doch wenn DU nicht an dich glaubst, dein Mindset nicht auf Erfolg polst und daran zweifelst, dass DU die Lösung in dir trägst, dann nützt die beste Strategie nichts. Diese Lösung herauszukitzeln, kann manchmal etwas dauern, doch sei geduldig und zuversichtlich, dass du sie finden wirst. Möchtest du eine Abkürzung, dann bitte einen Mentor, dich zu inspirieren und die richtigen Fragen zu stellen. Fragen, die du auch in diesem Buch finden wirst.

Ich freue mich ganz besonders, dass du heute bereits die Nachfolgeausgabe von „Chancenerkenner statt Krisentaucher" in den Händen hältst, das zweite Buch von und mit Autorinnen der AK-Family-Official®, meiner Community. Top-Coaches aus dem deutschsprachigen Raum geben ihr wertvolles Wissen in diesem Buch an dich weiter, und ich empfehle dir, alle Beiträge sorgfältig zu lesen, selbst wenn dich auf den ersten Blick vielleicht nicht alle Themen interessieren. Ich habe die Erfahrung gemacht, dass Lösungen für meine Branchen und Herausforderungen oft in völlig anderen Branchen liegen. Deren Herangehensweise in ihrer Branche kann die ultimative Inspiration für dich sein.

Denn, und auch das habe ich in über 20 Jahren Unternehmertum gelernt, oft ist es nur ein Satz, ein kleiner Impuls, der dich meilenweit voraus katapultieren kann. Eine Inspiration, die die Lösung in sich trägt und alle deine Probleme in Luft auflösen kann.

Wenn du mehr über die AK-Family Offical® und meinen unternehmerischen Weg erfahren möchtest, dann schau gerne hier vorbei: www.andreasklar.com.

Nun wünsche ich dir viele wertvolle Impulse bei der Lektüre dieses Buches.

Dein **Andreas Klar**

Andreas Klar ist verheiratet, zweifacher Familienvater, seit 20 Jahren Unternehmer und Business Mentor.

Seine Mission ist es, 1.000.000 Coaches, Trainern und Beratern zu einem erfolgreichen Business zu verhelfen, durch das sie sowohl persönliche als auch finanzielle Freiheit erlangen.

In seinen Programmen zeigt er Coaches, Trainern und Beratern, wie sie mit Leichtigkeit neue Kunden gewinnen und einen wahren Fußabdruck auf dem Planeten hinterlassen.

Über 500 Menschen haben seine Mentorings durchlaufen. Er spricht auf nationalen und internationalen Bühnen vor tausenden von Menschen und seine Veranstaltungen, allen voran die Business Days, werden jährlich hundertfach besucht.

www.andreas-klar.com

Du bist die Nummer eins!

Als Mutter Frau sein und bleiben

Christiane Braas

Wer ist eigentlich die Nummer eins in deinem Leben?

Viele Frauen, so wie auch ich früher, antworten auf diese Frage wie folgt: „Meine Kinder, mein Partner, meine Familie, mein Job, meine Eltern, meine Freunde …" - und noch vieles mehr. Erst sehr viel später in dieser Liste kommen sie selbst. Viele Frauen, vielleicht auch du, kümmern sich aufopferungsvoll um ihre Familie. Sie sorgen für ihre Lieben, meistern irgendwie den Spagat zwischen Beruf und Familie und sind für ihren Partner, ihre Partnerin oder auch ihre Eltern da. Der alleinige Verdienst des Mannes reicht in vielen Familien schon längst nicht mehr aus, um den Lebensunterhalt zu bestreiten, und mittlerweile gehört es fast zum „guten Ton", auch als Mutter arbeiten zu gehen. Die Kinder gehen währenddessen in die Betreuung, die Kita oder zu den Großeltern.

Zeit für sich selbst haben leider nur wenige dieser Frauen. Manchmal gelingt es ihnen noch, sich einen Moment Auszeit zu nehmen und durchzuschnaufen, bevor es weitergeht. Meist haben sie dann schon ein schlechtes Gewissen, sie sind gefangen im Hamsterrad. Vielleicht hegen sie tief im Inneren deshalb schon lange den Wunsch, aus ihrem Angestellten-Dasein auszubrechen, um mehr Zeit für Kinder und Familie zu haben. Doch sobald sie anfangen, intensiver über diese Möglichkeit nachzudenken, kommt der kleine Zweifler in ihnen hoch und fragt: „Selbstständig? Und das als Mutter? Wie soll das gehen? Was sollen nur die Anderen denken?"

Erkennst du dich wieder? Stellst du dir vielleicht auch gerade solche Fragen? Fragst du dich sogar vielleicht, wie du es als Mutter überhaupt schaffen sollst, neben Kindern, Partner und Haushalt noch einen Job zu meistern und, vor allem, dich selbst nicht völlig aus den Augen zu verlieren?

Viele Frauen, die ich kenne, stellen sich genau diese Fragen, und zwar meist schon während ihrer Schwangerschaft. Spätestens, wenn das Kind da ist und die ersten Wochen der Euphorie verflogen sind, sind viele Mütter unsicher, wie ihr Leben nun weitergehen soll. Zwischen Windeln und Wäsche, zwischen Partner und Kind, verlieren viele sich selbst komplett aus den Augen.

Beim ersten Kind ist es häufig so, dass die angehenden Mütter vor der Geburt noch der Meinung sind, durch die Kita oder die Familie sei ausreichend Unterstützung gegeben. Sie sind sich bewusst, dass die eigenen Eltern schon ein wenig älter sind, aber helfen können sie trotzdem und notfalls geht das Kind eben in eine Betreuung, während sie arbeiten, so zumindest der Plan. Doch dann folgt die Realität.

Der erste Winter kommt und das Kind ist ständig krank. Als Mutter bist du nun meistens diejenige, die zu Hause bleibt. Beim ersten Mal ist das noch unkritisch, aber nach dem zweiten oder dritten Mal folgen Gespräche mit dem Chef. Der Druck steigt und du hast das Gefühl, dich immer mehr rechtfertigen zu müssen. So hattest du dir das definitiv nicht vorgestellt. Spätestens jetzt erkennst du, dass es Zeit für etwas Neues wird - einen anderen Weg. Einen Weg, der dir erlaubt, Business und Familie zu kombinieren und somit alles zu haben: Zeit für deine Kind(er), deinen Partner und für deine eigenen Bedürfnisse, kurz: für dich.

Bist auch du eine Frau, die ihr(e) Kind(er) über alles liebt und trotzdem „mehr" möchte? Hast du Angst davor, deinen Job zu verlieren oder keine Möglichkeit mehr auf Karriere zu haben? Bist du besorgt darüber, dass du mit einem Mal nicht mehr ernst genommen wirst?

Ja, ich weiß, eigentlich dürfte das heutzutage alles kein Thema mehr sein und es wird schon einiges für Familien getan – die Realität sieht jedoch häufig anders aus. Wenn die Familie wächst, geht dies nicht selten einher mit Schwierigkeiten im Beruf. Für viele Frauen verschiebt sich der Fokus nach dem ersten Kind komplett. Sie sind nicht mehr nur Partnerin und Kollegin oder sogar Vorgesetzte, sondern jetzt auch Mama und haben nun die Verantwortung für ein anfangs noch hilflosen Wesen. Doch auch in der Beziehung kriselt es, denn hier muss der Partner zurückstecken. Wenn dann der Frau der eigene Job auch noch wichtig ist, sie diesen braucht, nicht weil sie arbeiten gehen muss, sondern als Ausgleich und um sich erfüllt zu fühlen, fühlt der Partner sich häufig komplett außen vor, und es kommt zu Reibereien.

Letztlich bist du als Frau hin- und hergerissen zwischen Kind und Job, Kunden und Beziehung, Haushalt und eigenen Bedürfnissen und das sogar, wenn du einen Job hast, bei dem du eigentlich viel Zeit mit deinem Kind verbringen kannst. Was kannst du also tun? Vielleicht denkst du, du bist den Umständen ausgeliefert, doch glaube mir, das bist du nicht. Als mein erstes Kind unterwegs war, hatte ich auch keine Ahnung, wie ich alles meistern sollte, doch heute lebe ich mein Traumleben, habe ein funktionierendes Business und Zeit für meine Kinder, meine Beziehung und mich. Aber das war nicht immer so. Lass mich dir meine Geschichte erzählen:

Ich selbst war Lehrkraft, als ich mein erstes Kind erwartete. Vollzeit bedeutete für mich 26 Präsenzstunden an der Tafel, also Frontalunterricht. Dazu kamen noch Lehrerbesprechungen, also war ich wöchentlich etwa 30 Stunden in der Schule. Der ganze Rest, also die Vor- und Nachbereitung des Unterrichts, lief von zu Hause aus. Ich konnte mir also die Zeit frei einteilen und hatte die Schulferien ebenfalls frei. Perfekte Voraussetzungen für Job und Kind – zumindest anfangs. Trotzdem hatte ich im ersten Winter ein Problem: Ich wurde dringend gebraucht, weil überall Lehrkräfte krank waren. Mein Kind war noch klein, zudem war mein Arbeitsvertrag nur befristet, also hatte ich extremen Druck: Einen längeren Ausfall konnte ich mir nicht leisten, dann wäre mein Job sofort weg gewesen. Trotzdem schleppte mein Kind laufend neue Erkältungen mit nach Hause. Was also tun?

Mein Mann war selbstständig mit eigener Praxis, er konnte nicht einfach daheimbleiben, wenn der Kleine krank war. Also musste immer ich übernehmen und zu Hause das kranke Kind hüten. Jetzt sollte man denken, dass Menschen, die in der Schule arbeiten, in solchen Situationen vielleicht bis zu einem gewissen Grad verständnisvoller sind, denn dort arbeiten viele Eltern und Lehrer, doch nein, es ist genauso schlimm wie überall sonst.

Ich war extrem frustriert und dachte: Das kann nicht wahr sein! Ich wollte mich nicht zwischen Job und Familie entscheiden müssen. Vor allem wollte ich auch nicht ständig Angst um meinen Job haben, und trotzdem wollte ich auch für mein Kind da sein! Doch wie konnte ich alles kombinieren? Mit einem Angestelltenjob wohl kaum …

Der Gedanke an eine Selbstständigkeit begann von Tag zu Tag zu wachsen. Meine Eltern waren beide selbstständig, vor langer Zeit hatte mein Vater mich schon gefragt, ob ich nicht sein Büro übernehmen wollte. Vielleicht wäre das die Lösung gewesen? Doch ich hatte abgelehnt. Als Kind hatte ich erlebt, wie er Stunde um Stunde, Tag um Tag im Büro saß, teilweise bis nach Mitternacht. So wollte ich das nicht für mich. Ich wollte Zeit für meine Familie und auch für mich selbst. Doch egal wie, wäre es jetzt auch zu spät gewesen. Das Büro wurde, als meine Eltern in den wohlverdienten Ruhestand gingen, aufgelöst. Doch der Gedanke an die Selbstständigkeit ließ mich nicht mehr los.

Ich bekam mein zweites Kind und fing an, Fortbildungen zu absolvieren. Immer mehr wurde mir klar, dass ich in der Schule nicht das bewirken konnte, was ich wollte. Damals war ich der Meinung, wenn ich eine „coole" Lehrerin sein würde, könnte ich auch bei den Kindern etwas bewirken. Doch die Realität mit der Bürokratie und dem dahinterliegenden System bremste mich aus. Ich bemerkte, dass die meisten Probleme der Kinder gar nicht aus der Schule kamen, sondern eher aus dem familiären Umfeld. Das zeigte sich vor allem bei den Kindern mit Lernschwierigkeiten, oft waren Stress und familiäre Konflikte oder Probleme daran schuld. Damals unterrichtete ich Kinder im Alter zwischen drei und zwölf Jahren, also erlebte ich eine Menge Dinge, die mich erschreckten. Wie konnte ich helfen?

Ein Beispiel war ein Kind, das als typisches ADHS-Kind abgestempelt wurde. Nach vielen Stunden aufmerksamer Beobachtung und individueller Arbeit mit diesem Kind bemerkte ich, dass der Junge gar nicht unter ADHS litt, sondern eine gewisse Hochsensibilität auf einem auditiven Kanal hatte. Er blinzelte viel und berührte häufig sein Ohr, er fühlte sich sichtlich unwohl im Klassenraum. Eines Tages kam mir eine Idee, und ich knipste das Licht im Klassenraum aus, in dem ich individuell mit ihm arbeitete. Plötzlich hatte ich ein ganz anderes Kind vor mir sitzen. Der Junge war von einem Moment auf den anderen komplett entspannt. Ich fragte ihn dann: „Kann es sein, dass das Licht dich gestört hat?" Und er bestätigte: „Ja, das Surren geht mir auf den Zeiger." Anscheinend hatte er immer schon das monotone Geräusch der Lampe gehört und spontane, laute Geräusche erschreckten ihn. Damit war mir klar, dass das vermeintliche ADHS-Verhalten des Kindes eine ganz andere Ursache hatte. Der Junge war schlicht überreizt, wollte am liebsten flüchten und wusste nicht wohin mit seiner Energie.

Ich wollte in solchen Fällen noch besser helfen können, bildete mich also weiter, belegte unterschiedlichste Kurse, vom Heilpraktiker für Psychotherapie bis hin zu Lernberater-Kursen. Ich fing an, Eltern zu beraten, die Kinder mit Lernschwierigkeiten hatten. Die Beratung bereitete mir Freude und ich merkte, dass ich nun endlich etwas bewirken konnte – und zwar viel mehr, als dies in meinem Job als Lehrerin an der Schule tatsächlich möglich gewesen wäre. Eine Ausbildung zur Kinder-, Jugend- und Familienberaterin sowie Kurse gegen Mobbing folgten. Immer noch arbeitete ich als Lehrerin, doch als mein drittes Kind geboren wurde, wagte ich endlich den Schritt in die Selbstständigkeit, zuerst nebenberuflich. Es war Zeit, die Weichen für die Zukunft neu zu stellen.

Vielleicht fragst du dich jetzt, wie ich das alles geschafft habe. Familie, Partnerschaft, Job und Fortbildungen? Nun, ich verrate dir gerne auf den folgenden Seiten, wie ich meinen Alltag als selbstständige Mama meistere, und zwar, ohne mich selbst aus den Augen zu verlieren.

Deine Nummer Eins

Von 2018 bis 2020 war ich also selbstständig, „nebenbei" noch im Teilzeitjob und hatte inzwischen drei Kinder. Mehrere Umzüge kamen hinzu. Dieses Pensum bewältigte ich nur, indem ich auf meine eigenen Energiereserven achtete und meine Interessen nicht vernachlässigte. Ich machte mich selbst zu meiner Nummer eins!

Vielleicht denkst du jetzt, ich bin egoistisch, doch ich setze mein Wohlbefinden immer an allererste Stelle. Warum ich das tue? Nun, hier gerne ein Beispiel. Stelle dir vor, du sitzt in einem Flugzeug. Wenn nun eine Notsituation eintritt, musst du zuerst dir die Sauerstoffmaske aufsetzen und danach erst anderen Personen. Wenn du nicht zuerst auf dich schaust und dann ohnmächtig wirst, weil du nicht mehr atmen kannst, kannst du niemandem mehr helfen. Und so ist es auch im Alltag. Wenn du nicht zuerst darauf achtest, dass für dich alles stimmig und in Ordnung ist, kannst du nicht mehr richtig für deine Kinder, deinen Partner oder auch deine Kunden oder deinen Job da sein. Du hast einfach keine Energie mehr!

Wenn du dauerhaft immer zuerst auf alle anderen achtest, anstatt auf dich, dann sinkt dein Energielevel und dein Geduldsfaden wird immer kürzer. Du beginnst, wegen Kleinigkeiten auszurasten und vielleicht sogar herumzuschreien. Du staust extreme Wut an. Kinder bemerken das und spiegeln die Situation. Das führt zu ständigen Konflikten mit ihnen und sogar mit deinem Partner. Denn der kommt nach Hause und spürt die aufgeladene Stimmung, ist dann auch direkt genervt und kommt vielleicht gar nicht mehr gerne heim. Die Zweisamkeit fehlt leider auch, weil du gar keine Energie mehr hast, dich darauf einzulassen. Möchtest du es so weit kommen lassen? Ich habe für mich entschieden - ich möchte das nicht.

Also, achte gut auf dich. Setze dich an die erste Stelle, damit es gar nicht erst so weit kommt. Natürlich hier eine Ausnahme – die Grundbedürfnisse kleiner Kinder sollten natürlich erfüllt sein. Doch wenn ein Kind eine saubere Windel und weder Hunger noch Durst hat, dann darf es auch einmal ein paar Minuten warten, während du etwa deinen Kaffee oder Tee heiß genießt anstatt immer nur lauwarm oder kalt – du dich also zu deiner Nummer eins machst.

Wie kannst du es nun schaffen, dich selbst in deinem Leben an die erste Stelle zu setzen? Hier meine Quicktipps für dich.

Quicktipp: Kurze Pausen im Alltag sinnvoll für dich nutzen

Pausen gibt es wahrscheinlich in deinem Leben nur wenige. Zumindest denkst du das. Doch wenn du ganz ehrlich bist und deinen Alltag aufmerksam beobachtest, wirst du feststellen, dass du immer mal wieder kleine Pausen hast, und wenn es nur eine Minute ist. Wichtig ist es, diese Pausen - und seien sie noch so kurz - nicht mit hektischen Aktivitäten zu füllen. Natürlich ist die Spülmaschine schnell ausgeräumt und die Wäsche in den Trockner gepackt. Dauert alles ja nicht lange. Doch wo bleibst du dabei?

Ich habe hierfür eine riesige Liste an den Kühlschrank geklebt, ich nenne sie meine Glücksaktivitätenliste. Auf dieser Liste stehen fast 30 Aktivitäten, die weniger als fünf Minuten beanspruchen und mir guttun. Auf dieser Liste findest du beispielsweise:

- Einen Lieblingssong hören und mitsingen oder tanzen
- Eine Tasse heißen Tee trinken
- Eine Kleinigkeit essen, ein Stück Obst oder einen Joghurt
- Ans Fenster stellen und bewusst frische Luft einatmen
- Kurz auf den Balkon gehen, die Augen schließen und die Sonne genießen
- Träumen: in Gedanken entweder in die Zukunft zu etwas reisen, auf das ich mich riesig freue, oder fiktiv an einen Ort, an dem ich mich wohlfühle
- Mich ausgiebig strecken und dehnen oder kurz den Kreislauf durch etwas Bewegung in Schwung bringeni

Du siehst, das sind alles nur Kleinigkeiten. Doch genau diese Kleinigkeiten füllen meinen Akku wieder auf und lassen meinen Energielevel und mein Wohlbefinden steigen. Probiere es gerne einmal aus und schreibe deine persönliche Glücksaktivitätenliste.

Wenn du eine Pause hast, dann solltest du nicht auf deinem Mobiltelefon herumdaddeln, in Social Media versinken oder fernsehen. Gehe stattdessen in die Ruhe und mache etwas, das dir Kraft gibt. Dazu braucht es nicht viel. Ich überlege mir in jeder kleinen Pause, die ich genieße, auch schon, was ich in der nächsten Pause machen werde. Dann freue ich mich direkt auf die nächste Pause und – den Spruch kennst du sicher – Vorfreude ist doch die schönste Freude.

In diesen Pausen genieße ich ganz bewusst. Wenn ich eine Tasse Tee trinke, dann erlebe ich diese Tasse mit allen Sinnen, habe den Geruch in der Nase, den Geschmack im Mund und spüre die warme Tasse in meinen Händen. Je öfter du dir eine solche Pause gönnst, umso schneller kannst du deinem trubeligen Alltag kurz entfliegen. Mir reichen mittlerweile 30 Sekunden, um neue Energie zu tanken. Habe ich etwas mehr Zeit, also bis zu 15 Minuten, habe ich auch hierfür auf meiner Liste einige Punkte:

- Einige Seiten lesen
- Ein kurzes Telefonat mit einer Freundin oder meiner Mutter
- In Ruhe duschen und danach eincremen, nicht nur schnell abbrausen
- Die Nägel lackieren
- Etwas Sport machen

Also alles Dinge, die auch mein körperliches Wohlbefinden steigern oder über die ich mich freue.

Eine weitere Spalte ist reserviert für Dinge, die etwas länger dauern, also eine halbe Stunde bis zu einer Stunde. In dieser Spalte finden sich nicht mehr ganz so viele Aktivitäten, denn natürlich sind diese Zeiträume seltener. Auf meiner Glückliste steht beispielsweise:

- In Ruhe einkaufen gehen, ohne Kinder
- Einen Spaziergang machen
- Ein Schaumbad

Dazu habe ich noch eine Spalte in der Liste, auf der nur etwa zehn Punkte stehen. Das sind Dinge, die ich mache, wenn ich einen halben oder ganzen Tag im Monat Zeit habe. Ich achte darauf, dass es mindestens einen solchen Tag im Monat gibt. An solchen Tagen freue ich mich beispielsweise über eine ausgiebige Shoppingtour, Wellness oder darüber, mit Freunden brunchen zu gehen. Ein ausgiebiger Spaziergang mit meinen Hunden gehört auch dazu. Ich mache ganz bewusst etwas, worauf ich an diesem Tag gerade Lust habe. Ganz wichtig ist es, diese Zeiträume zu planen. Auch ich muss diese längeren Termine natürlich mit meinem Mann absprechen und fix planen, doch dann schreibe ich sie in den Kalender und freue mich schon Tage vorher enorm darauf. Sie sind genauso wichtig für mich wie ein Kundentermin, und nur in absoluten Notfällen verschiebe ich sie.

Die Liste wächst und verändert sich stetig, weil meine Bedürfnisse sich ebenfalls kontinuierlich ändern. Eine Zeit lang habe ich viel gelesen, derzeit höre ich lieber Podcasts. Die Liste ist für mich ein Anhaltspunkt und auch eine Erinnerung, mir Zeit zu gönnen. Sicher wirst auch du einiges finden, das du in die jeweiligen Spalten hineinschreiben kannst.

Vielleicht zögerst du nun noch, wie du diese Zeit finden sollst. Schließlich musst du dich um deine Kinder kümmern! Doch nicht der ganze Tag besteht aus Qualitätszeit mit deinen Kindern. Vieles kannst du nebenbei machen oder sogar dein Kind mit einbinden, beispielsweise kochen oder aufräumen. Und hier noch meine absolute Empfehlung an dich, falls du noch kleine Kinder hast: Leg dich hin, wenn dein Kind schläft, denn schlafen kannst du nicht nebenbei. Dein Körper braucht die Energie und die Kraft, weil du nachts ja bereits immer wieder aufstehen musst. Also habe bitte kein schlechtes Gewissen, wenn du dich tagsüber hinlegst und im Haushalt mal fünfe gerade lässt.

Wenn ich ausreichend für mich gesorgt habe, es mir gut geht und mein eigener Energietank gefüllt ist, dann lege ich meinen Fokus zu 80 Prozent auf das Wohlbefinden von meinem Mann. Wieso? Mein Mann war da, bevor die Kinder kamen und ich möchte, dass mein Mann auch noch da ist, wenn die Kinder irgendwann flügge sind. Also mache ich ihn zu meiner Nummer eins, wenn bei mir alles in Ordnung ist. Natürlich immer vorausgesetzt, dass die Grundbedürfnisse der Kinder erfüllt sind.

Wie lange noch?

Ich liebe meine Kinder und spiele gerne mit ihnen. Bei vier davon ist das häufig eine ziemliche Herausforderung. Damit es keinen Streit gibt und keines meiner Kinder „zu kurz" kommt, habe ich eine Mama-Zeit eingeführt. In dieser Zeit kümmere ich mich intensiv um eines meiner Kinder, während die anderen Geschwister sich selbst beschäftigen. Während dieser Zeit liegt mein Fokus komplett auf diesem einen Kind. Jedes meiner Kinder hat gleich viel Mama-Zeit mit mir und wir spielen dann beispielsweise etwas. Diese Mama-Zeit ist eine wertvolle Zeit, sowohl für mich als auch für meine Kinder. Doch mit dem Zeitbegriff können vor allem kleine Kinder noch nicht viel anfangen, und vielleicht fragst du dich jetzt, wie die Kinder verstehen sollen, dass sie noch nicht „dran" sind und noch etwas warten müssen. Um den Zeitbegriff also für die Mama-Zeit und auch generell für die Kinder greifbar zu machen, habe ich folgende Lösung gefunden:

Die Kinder kennen unseren normalen Tagesablauf genau und wissen, wie er abläuft. Morgens machen wir uns fertig und frühstücken. Dann spielen wir ein wenig, und dann arbeite ich. Danach ist Kinderzeit und Mama-Zeit, das heißt, ich spiele mit den Kindern und sie kommen voll auf ihre Kosten. In dieser Zeit gibt es für mich kein Social Media oder irgendwelche Telefonate. Danach ist Kochen und Essen angesagt. Dabei können die Kinder mich unterstützen, sie werden mit eingebunden. Anschließend ist Mittagspause, und die Kinder beschäftigen sich ein bisschen selber, ich arbeite wieder oder sorge für mich. Danach ist wieder hochwertige Kinderzeit. So sieht unser Tagesablauf aus und damit die Kinder nicht nur erleben, sondern auch sehen, was der Tag mit sich bringt, haben wir alle diese Aktivitäten und Zeiten bildlich auf Karten und Magneten festgehalten. So mache ich meinen Kindern die Aktivitäten und die dazugehörige Zeit gewissermaßen sichtbar.

Doch wie sollen die Kinder nun wissen, wie lange etwa eine halbe Stunde ist? Wir Erwachsenen sind schnell damit, zu sagen: „Warte, noch zehn Minuten." Doch zehn Minuten, und das weißt du selbst, können vergehen wie im Flug oder gefühlt einen halben Tag dauern. Erwachsene haben sich an den

Zeitbegriff gewöhnt, zudem können wir die Uhr lesen. Um den Kindern diesen abstrakten Begriff nahezubringen und die Zeit gewissermaßen sichtbar zu machen, habe ich ein ganzes Set an farbigen Sanduhren. Die Kinder erkennen anhand der Farben, welche Sanduhr für welchen Zeitraum steht. Die Dauer der einzelnen Uhren variiert von einer Minute bis hin zu 30 Minuten. So wird der Zeitraum für die Kinder sichtbar.

Gleichzeitig bedeuten diese Sanduhren auch für mich eine Verpflichtung, meine Versprechen einzuhalten. Wenn ich sage, dass ich noch eine Minute brauche, dann muss ich nach dieser Minute auch meine Tätigkeit beenden und mich meinem Kind widmen. Ansonsten halte ich mich selbst nicht an mein System – und was würde ich meinen Kindern damit wohl vermitteln? Der Begriff „ein Moment" ist für uns Erwachsene dehnbar. Er kann eine Minute dauern, ein paar Sekunden, aber auch zehn Minuten. Ein kleines Kind kann damit nichts anfangen. Wenn es aber sieht, wie etwa die Ein-Minuten-Sanduhr abgelaufen ist, ist das greifbar. So schaffen wir Zeitstrukturen für die ganze Familie.

Wichtig ist in diesem Rahmen auch Konsequenz, denn sie beugt viel Stress vor. Wenn ein Kind dauernd ankommt und dich unterbricht, du aber gerade nicht aufnahmebereit bist, dann mache deinem Kind eine klare Ansage, anstatt genervt zu reagieren. Ich sage zum Beispiel: „Tut mir leid, ich kann gerade nicht, ich muss das hier zuerst fertig machen. Weißt du was, ich brauche noch zehn Minuten, wir drehen die Sanduhr um." Dann lässt das Kind mich auch die zehn Minuten in Ruhe, weil es weiß, Mama kommt danach.

Schon als die Kinder sechs Monate alt waren habe ich angefangen, die Sanduhren einzuführen. Natürlich können sie mit sechs Monaten noch nicht verstehen, was gerade passiert, und die Sanduhr ist dann eher noch ein Spielzeug. Trotzdem merken sie schon sehr früh, wie die Großen auf die Uhr reagieren, und dass ein System dahintersteckt.

Vielleicht denkst du jetzt, dass diese Vorgehensweise noch viel zu früh ist für so ein kleines Kind. Aus meiner Erfahrung heraus geben diese Strukturen, nicht nur für Zeiten, auch schon kleinen Kindern Halt. Wenn sie wissen, dass ich beispielsweise eine Stunde arbeiten muss und sie sich nun eine Stunde selbst beschäftigen müssen, dann wissen sie auch, dass sie in dieser Zeit Ruhe dafür haben, zu tun, was sie möchten. Wir haben hierfür einen Turnmattenraum absolut kindersicher ausgestattet. In diesem Raum ist Platz zum Toben. Sobald die entsprechende Sanduhr abgelaufen ist, die die Kinder selbst umgedreht haben, dürfen sie mich holen. Dann bin ich auch verpflichtet, zu kommen, schreibe vielleicht noch einen Satz zu Ende und widme mich dann meinen Kindern. Das ist auch eine Sache von Respekt – von beiden Seiten.

Die Kinder lernen so schon früh, dass jeder in der Familie eigene Bedürfnisse hat. Sowohl ich als auch mein Mann und wir als Paar. Genauso gilt das auch für die Kinder. Ich reiße sie nicht einfach aus ihrem Spiel, um ihnen etwa eine Windel zu wechseln. Auch sie haben das Recht, respektvoll und gemäß ihrer Bedürfnisse behandelt zu werden. Ich kündige frühzeitig an, dass bald ein Windelwechsel ansteht oder dass die Spielzeit vorbei ist und aufgeräumt werden muss. Wenn meine Kinder mir dann sagen, dass sie noch ein paar Minuten brauchen, dann drehen wir auch hierfür eine Sanduhr um. Sobald die Zeit abgelaufen ist, wird aufgeräumt oder Windel gewechselt, was (zumindest meistens) dann ohne Genörgel vonstattengeht. Du möchtest schließlich auch nicht völlig fremdbestimmt deinen Alltag durch jemand anderen gestalten lassen, oder? Also biete auch deinen Kindern die Möglichkeit, von Anfang an über ihre Zeit mitzubestimmen, sofern das geht.

Eins noch: Bitte verabschiede dich von dem Gedanken, alle gleich behandeln zu müssen und allen gleich gerecht zu werden. Dies ist nämlich nicht möglich. Hier ein Beispiel:

Du gehst mit deinen Kindern Einkaufen, weil eins von ihnen eine neue Hose braucht. Nun will auch ein anderes Kind eine neue Hose, doch du weißt: Dieses Kind hat mehrere, noch gut sitzende, im Schrank liegen. Hier darfst du nun konsequent sein und dabei bleiben, dass nur das gekauft wird, was nötig ist. Spare dir das Geld und nutze es lieber für etwas Anderes, was das Kind, das jetzt ohne Hose ausgegangen ist, wirklich braucht. Ähnlich ist es auch mit der Exklusiv-Zeit. Du kannst zwar einplanen, jedem

Kind gleich viel Zeit und Aufmerksamkeit zu schenken, doch dies ist so nur selten möglich. Wenn du mit einem Kind Hausaufgaben machst und das länger braucht, das andere dir jedoch lediglich etwas zeigen, vorsingen, oder ein Buch mit dir anschauen möchte, ist auch das okay. Das Kind fühlt sich dann nicht benachteiligt, nur weil du weniger Zeit mit ihm verbracht hast, sondern ist glücklich, dass du dir genau für das Zeit genommen hast, was ihm wichtig war. Du hast es gesehen, mitsamt seinen Bedürfnissen.

Harmonievoller Umgang durch Respekt von Grenzen und Bedürfnissen
(Du bist das Vorbild)

Durch diesen respektvollen Umgang miteinander gibt es sehr viel Harmonie und deutlich weniger Konflikte und Reibereien. Es ist nie zu spät, solche Regeln einzuführen, doch es braucht natürlich eine gewisse Zeit, bis die Kinder entsprechende Regeln annehmen. Es ist schwierig, jahrelang nicht nach einem solchen System zu leben, dann vom einen Moment auf den anderen alles umzustellen und direkt zu erwarten, dass die Kinder sofort richtig umsetzen. Gib ihnen etwas Zeit. Vor allem musst du dich selbst akribisch an das halten, was du auch von ihnen erwartest, das ist das Wichtigste. Du bist ihr Vorbild.

Am Anfang verschätzt du dich vielleicht noch permanent mit den Zeiten und drehst die falschen Sanduhren um. Dann sagst du vielleicht, dass du noch schnell die Spülmaschine ausräumst und in zwei Minuten fertig bist. Nach zwei Minuten hast du noch nicht einmal die Hälfte geschafft, doch deine Kinder stehen schon in der Küche. Trotzdem musst du jetzt konsequent bleiben und dich deinen Kindern widmen, schließlich hast du es versprochen. So beweist du deinen Kindern, dass du sie achtest, sie dir wichtig sind und getroffene Vereinbarungen eingehalten werden.

Die Bilder, mit denen wir unseren Tagesablauf planen, bieten meinen Kindern noch zusätzliche Sicherheit. Sie können jeden Moment nachsehen, woran wir gerade sind, also beispielsweise Kinderzeit und Mamazeit, und was als Nächstes kommt. Das ist für sie verständlich und darüber gibt es keine Diskussion.

In der Kinderzeit dürfen sie selbst bestimmen. Sie dürfen bestimmen, was wir spielen, oder ob und wohin wir nach draußen gehen, ob wir die Hunde mitnehmen oder nicht. Sie dürfen das frei entscheiden. Ich sehe sie so, wie sie sind, als kleine Menschen mit all ihren eigenen Bedürfnissen. Meine Aufgabe dabei ist, ihnen einen gewissen Rahmen zu stecken, in dem sie sich frei entfalten können. Hierfür wähle ich drei unterschiedliche Aktivitäten, zum Beispiel eine kreative, die Fantasie anregende, eine, bei welcher sie sich körperlich auspowern können, und eine ruhige. Aus diesen können sie dann wählen. So behalte ich nicht nur die Übersicht, sondern kann auch dafür Sorge tragen, dass kein Kind sich ständig mit den gleichen Dingen beschäftigt oder sich abkapselt. Ideen und Impulse vonseiten der Kinder sind natürlich immer willkommen und ich schaue dann, wann ich ihnen das wie ermöglichen kann.

Wenn du in deiner Familie nicht für Strukturen sorgst, dann bist du als Mama entweder ein ständiger Feuerlöscher oder ein Flummi. Du hast dauernd mit den Kindern Konflikte, weil einer dies, der andere das spielen will. Dazu dann noch Homeoffice und Homeschooling und du weißt nach kurzer Zeit schon nicht mehr, wo dir der Kopf steht. Du springst hin und her und versuchst, allen gerecht zu werden, deinem Chef, dir selbst, deinen Kindern und deinem Mann. Du zerreißt dich innerlich, du hast nichts mehr unter Kontrolle, sondern das Gefühl, dass jeder über dein Leben bestimmt und du selbst überhaupt kein eigenes Leben mehr hast. Du hast keine eigenen Bedürfnisse, keine eigenen Träume oder Ziele mehr, die Zeit dafür fehlt dir komplett und alles versinkt gefühlt im Chaos. Deshalb sind Respekt und Organisation so wichtig, denn dann kommt jeder auf seine Kosten, auch du.

Die eigenen Bedürfnisse verleugnen macht krank

Wenn du dich selbst aus den Augen verlierst, wirst du gestresst und wütend. Du hast eine Million Baustellen und traust dich gar nicht, noch irgendetwas Neues anzufangen, du hast ohnehin keine Zeit dafür. Deine To-do-Liste, die dich schon seit Jahren belastet, wird immer länger. Du bist überhaupt nicht mehr zufrieden, hast dich verloren, weißt gar nicht mehr, was dir überhaupt guttut. Selbst wenn du einmal zehn Minuten oder eine Stunde nichts zu tun hast, weißt du gar nichts mehr mit deiner Zeit anzufangen und riskierst dann, die Zeit auf dem Handy zu verdaddeln. Nachher fragst du dich, wo die Zeit jetzt hin ist, denn eigentlich hattest du nichts davon. Du riskierst, dich selbst und deine Beziehung zu verlieren und entfernst dich von deinen Kindern.

Solcher Stress kann zu körperlichen Problemen führen. Du fängst möglicherweise an, Essen in dich hineinzuschaufeln, das berühmte Stressfuttern. Du brauchst Schokolade, um wenigstens kurzfristig noch ein paar Glückshormone zu aktivieren. Es kann auch sein, dass du völlig vergisst, zu essen oder zu trinken. Du kommst nicht mehr zum Duschen, trägst seit Tagen die gleichen Klamotten und schläfst schlecht. Schon Kleinigkeiten bringen dich auf die Palme. Es gibt Mütter, die fangen in solchen Situationen damit an, sich selbst wehzutun, aus Angst, dass sie ihren Kindern Schmerzen zufügen könnten, wenn sie ausrasten.

Es gibt aber noch eine Menge weitere Symptome, die eine solche Überlastung verursacht: Bluthochdruck, Kopfschmerzen, Migräneanfälle, Geräuschempfindlichkeit. Ein geschwächtes Immunsystem sorgt dafür, dass du häufiger krank wirst. Du leidest unter Schlaflosigkeit, das führt zu Depressionen, Burnout, vielleicht sogar Gewaltausbrüchen. Auch deine Partnerschaft leidet und vielleicht hält dein Mann es irgendwann nicht mehr mit dir aus.

Mutter zu sein ist heute anstrengender denn je. Tatsächlich waren noch vor einigen Generationen die ganze Familie und davor ein ganzes Dorf für die Erziehung zuständig, so zumindest das Sprichwort. Jeder hat mitgeholfen.

Kinder hatten Respekt und wurden nicht nur von den eigenen Eltern, sondern von ihrem Umfeld erzogen. Heute traut sich kaum jemand mehr, das Kind anderer anzusprechen, wenn es sich danebenbenimmt. Die Gesellschaft ist anonym geworden. Viele kennen nichteinmal ihre eigenen Nachbarn. Generationenhäuser gibt es kaum noch, die Großeltern wohnen meist weit weg. So bleibt alles an den Eltern hängen und vor allem an der Mutter, häufig ist sie tagsüber auf sich gestellt, weil der Mann arbeitet. Doch du musst dich gar nicht alleine durch alles durchkämpfen.

Quick-Tipp: Sprich dich mit anderen Müttern ab

Wenn dir alles zu viel wird, du einmal rausmusst und zum Beispiel auf den Spielplatz gehst und eine andere Mutter siehst, die auch alleine mit ihrem Kind auf dem Spielplatz ist, dann setze dich doch zu ihr! Lerne sie kennen, passt gemeinsam auf die Kinder auf. Erstens hast du ein schönes Gespräch und fühlst dich nicht so einsam. Zweitens ist es viel wirkungsvoller, gemeinsam auf die Kinder aufzupassen, denn vier Augen sehen mehr als zwei. Mütter sollten zusammenhalten. Also: Raus aus der Anonymität, vernetze dich mit anderen und mache nicht alles mit dir aus. Gib auch einmal die Kontrolle ab. Du musst nicht alles selbst machen und alle, die dir helfen wollen, kontrollieren. Hilfe ist da, meistens sogar näher, als wir denken. Wir brauchen nur zu fragen.

Dazu gehört auch, dass du deine eigenen Bedürfnisse nach außen kommunizierst. Von außen sieht es nämlich vielleicht so aus, als ob du alles im Griff hast. Menschen sehen nur den äußeren Schein und wissen gar nicht, dass du vielleicht Probleme hast. Sie sehen nicht, dass du seit Tagen kaum geschlafen hast oder deine Nerven blank liegen. Wenn du das alles verbirgst, mit dir selbst ausmachst und nichts nach außen zeigst oder darüber sprichst, woher soll dein Umfeld dann wissen, dass du Unterstützung benötigst? Sei ehrlich zu dir und anderen.

Wie anfangen?

Wenn du merkst, dass es bei dir nicht optimal läuft, du müde bist vom Alltag und dein Nervenkostüm strapaziert, dann fange bitte damit an, zuallererst auf dich selber zu schauen. Setze dich in Ruhe hin, bitte notfalls deinen Partner darum, dass er sich um die Kinder kümmert und erstelle in Ruhe deine Glücksaktivitätenliste. Vielleicht fällt dir anfangs noch nicht so viel ein, doch wenn du die Liste über Tage immer weiter befüllst, wirst du eine Menge Dinge finden, die dir Freude bereiten. Mache dich zur Nummer Eins in deinem Leben.

Dann fange an, konsequent und ruhig mit der Zeit Strukturen einzuführen. Beginne damit, den Kindern zu erklären, dass du vielleicht einmal zehn Minuten für dich brauchst und danach bei ihnen bist. Die ersten Tage und Wochen klappt das nicht direkt. Bitte gib dann nicht auf! Gib allen Beteiligten die Chance, sich an die neue Situation zu gewöhnen. Je konsequenter du dranbleibst, umso eher wirst du Erfolge verzeichnen. Wenn es dir gutgeht, du deine Glücksliste nutzt und die Kinder versorgt sind, dann mache deinen Partner zu deiner nächsten Nummer Eins. Die meisten Männer möchten uns die Sterne vom Himmel holen. Sie wollen mit an Bord genommen werden und uns unterstützen. Doch auch sie haben Bedürfnisse. Gib also auch deinem Mann die Chance, nach einem Arbeitstag erst einmal runterzufahren. Überfalle ihn nicht mit: „Ich hatte den ganzen Tag die Kinder, jetzt bist du dran!"

Wenn du ihm stattdessen etwas Zeit gibst, um anzukommen und ihn dann bittest, dich zu entlasten, dann wird er wahrscheinlich nicht nein sagen. Bleibe ruhig und, vor allem, verfüge nicht selbstverständlich über die Zeit von jemand anderem, egal, ob es deine Kinder sind oder dein Partner.

Wenn du versuchst, deine Glücksliste zu füllen und Strukturen einzuführen, es aber dauerhaft nicht funktioniert, dass du dir Zeit für dich nimmst und ein stabiles Fundament schaffst, dann hole dir bitte Hilfe. Es gibt Kinder-, Jugend- und Familien-Coaches oder Eltern-Kind-Coaches, die dich unterstützen können. Sie nehmen deinen Alltag unter die Lupe, schauen, was du wie umsetzen kannst, sodass alle auch kooperieren und an einem Strang ziehen, statt sich gegenseitig zu sabotieren. Auch ich unterstütze Familien auf diese Weise und ich konnte in der Zusammenarbeit mit meinen Kundinnen und Kunden schon unglaubliche Erfolge erzielen. Eine Geschichte möchte ich dir gerne erzählen.

Du kannst dein Leben ändern – jederzeit!

Vor einigen Monaten habe ich eine Energie- und Leichtigkeits-Challenge zum Thema Veränderung mit einigen wundervollen Kundinnen durchgeführt. Jede Teilnehmerin setzte sich ihre Ziele für die Challenge selbst. Manche wollten beruflich etwas verändern, andere abnehmen, manche mehr Zeit für sich. Die Themen waren ganz unterschiedlich und eine spannende Mischung. Was ich an diesen Challenges besonders mag: Die Energie ist sehr hoch, jeder verfolgt seine Ziele auf seine Art und Weise und es gibt in kurzer Zeit meist tolle Erfolge. Ich betreue diese Challenge intensiv und achte darauf, dass alle bei der Stange bleiben und auch ein Ergebnis erzielen.

Eine der Teilnehmerinnen wechselte danach in mein Coaching, denn sie wollte auch im Nachhinein noch an ihren Zielen weiterarbeiten. Schon nach wenigen Wochen der Zusammenarbeit erzielte sie enorme Durchbrüche. Sie war mit ihrem Job nicht zufrieden und hat nun einen neuen Job in Aussicht. Ihre Partnerschaft, in der sie schon lange nicht mehr glücklich war, hat sie beendet. Gleichzeitig hat sie eine neue Wohnung bezogen. Dabei hat alles ganz klein angefangen. Zuerst ging es nur darum, zu identifizieren, wo ihre größten Energieräuber sind. Sie fing an, ihre Wohnung zu entrümpeln, um wieder mehr Luft zum Atmen zu haben. Das gab ihr so viel Energie, dass sie den Mut hatte, im Job in Konfrontation zu gehen und sich emotional so weit zu lösen, dass sie sich prompt auf eine interessante neue Stelle bewerben konnte, etwas, was sie sich lange Jahre nicht getraut hatte. Ihre Traumwohnung fand sie fast nebenbei und durch diese Veränderungen ist es ihr gelungen, ihre Beziehung, die schon lange toxisch war, zu beenden. Das gab ihr Raum, um sich wieder mehr mit ihrer Tochter zu treffen, die schon lange bei dem Vater wohnt. Die beiden sehen sich jetzt häufiger und die Tochter lernt ihre Mama auf eine ganz neue Art und Weise kennen. Was hat sich verändert? Als sie begonnen hat, auf sich zu achten und ihre Energie zu verändern, wieder Kraft für sich selbst schöpfte, da veränderten sich mit einem Mal alle anderen Lebensbereiche fast wie von selbst.

An diesem Beispiel siehst du, wie wichtig es ist, auf die innere Stimme zu hören. Wenn sich etwas falsch anfühlt, wenn du denkst, da geht mehr, dann finde dich nicht mit dem ab, was ist, sondern habe den Mut, Dinge zu verändern. Veränderung gibt dir Energie, sie beflügelt dich. Ein Coaching ist ein guter Einstieg, denn ein Coach kennt die Abkürzung für den Weg, den du gehen möchtest, nimmt dich an die Hand und unterstützt dich. Du bist nicht allein.

Schon viele Frauen durfte ich dabei begleiten, ihr Leben und ihre Familiensituation zu verbessern, und mittlerweile bilde ich sogar ambitionierte Personen zum Kinder-, Jugend- und Familien-Coach aus, damit noch mehr Familien von diesem Wissen profitieren können.

Bei der Ausbildung zum Kinder-, Jugend- und Familien-Coach werden alle der genannten Themen abgedeckt. Familie, Job, Lifestyle und Partnerschaft. Mit dem Wissen aus dieser Ausbildung kannst du nicht nur dein eigenes Leben verändern, nein, auch das von vielen anderen Menschen und Familien. Meine Ausbildung ist ganzheitlich und fundiert, wenn du mehr darüber erfahren möchtest, dann kontaktiere mich gerne.

Ein Satz, der mich immer wieder aufrüttelt und den ich gerne auch meinen Coachees mitgebe, ist folgender: Denke immer daran, dass unser Alltag die Kindheit unserer Kinder ist. Das sollten wir nie vergessen, egal, wie gestresst wir sind. Und, wenn du dein Leben ändern möchtest, dir ein tolles Familienleben wünschst, eine Beziehung auf Augenhöhe und eine wunderbare Kindheit für deine Lieben, dann solltest du nicht warten, sondern handeln! Denke daran, Veränderung ist nichts Negatives und du kannst immer noch wachsen und etwas verändern, für dich und auch dein Umfeld.

Ich selbst wachse jeden Tag. Für mich gibt es keine Grenzen nach oben. Das, was ich anderen zeigen möchte, das lebe ich vor. Ich konnte trotz Corona und Geburt meines vierten Kindes meinen Umsatz im Jahr 2020 um 40 % steigern. Mittlerweile habe ich ein Team um mich, das mich unterstützt, und ich plane, ein Charityprojekt zu unterstützen, indem ich dort eine Struktur oder Schule finanziere. Ich habe noch so viele Ideen und bin stets hungrig nach mehr, denn ich liebe Veränderungen und weiß: Das Leben hat uns allen noch so viel mehr zu bieten.

Ich möchte auch dir Mut machen, immer weiterzugehen! Ich habe es geschafft, obwohl ich Schulabbrecherin war und viele Jahre von Aushilfsjobs gelebt habe. Niemand hat damals an mich geglaubt, und trotzdem habe ich die Schule nachgeholt, eine Umschulung zur Lehrkraft durchgezogen und viele Fortbildungen gemacht. Permanent bin ich an meinen Herausforderungen gewachsen. Genauso wie ich wachse, wachsen auch meine Träume und Wünsche mit jedem erreichten Ziel.

Und das, liebe Leserin, kannst du auch. Du musst nur herausfinden, wofür dein Herz wirklich schlägt. Gerne unterstütze ich dich dabei, deinen Weg zu finden, wenn du möchtest. Meine Kontaktdaten findest du auf den folgenden Seiten.

Achte immer auf dich selbst. Mache dich zur Nummer Eins in deinem Leben, denn nur so kannst du für andere da sein, und enge dich nicht ein – du bist ein strahlender Diamant und hast es verdient, dass dein Licht leuchtet. Stärker und stärker - von Tag zu Tag.

Christiane Braas ist nicht nur vierfache Mutter, sondern auch mit Herz und Seele Unternehmerin. Als Business- und Family-Coach hat sie 2021 ein eigenes Ausbildungskonzept zum Kinder-, Jugend- und Familien-Coach entwickelt und begleitet anschließend die Teilnehmer auf ihrem eigenen Weg zu einem erfolgreichen Coaching-Business. Seit acht Jahren beschäftigt sie sich intensiv mit den Themen Kindererziehung, Familie, Schule und wie man all dies mit seiner Arbeit, die man liebt, effizient kombinieren kann. Ihr Ziel: Auch Eltern soll es möglich sein, Erfolg in ALLEN Lebensbereichen zu leben. Ihr Konzept geht auf, denn alleine in den letzten drei Jahren hat sie weit über 1.000 Familien beim Erreichen ihrer Ziele unterstützt und so zu mehr Lebensqualität verholfen.

www.christianebraas.com
info@christianebraas.com

Zurück ins Licht !?

5 Schritte, wie Trennung gelingen kann.

Barbara Eiblmaier

> „Die Brücke zu schlagen zwischen Dir und mir
> ist die Kunst der Kommunikation,
> Lösungen aus der Tiefe entstehen zu lassen
> die Magie der Verbindung."
>
> (Barbara Eiblmaier)

Da saß sie nun, in Tränen aufgelöst und schniefte in ihr Taschentuch. Einmal mehr hatte sie sich mit ihrem Ex gestritten. Einmal mehr, sie zählte gar nicht mehr, wie oft sie sich stritten.
Die Worte „Depp" und „Arschloch", die diesmal gefallen waren, klangen noch in ihren Ohren ...

An welcher Stelle war ihr Gespräch diesmal nur so aus den Fugen geraten?
Was hatte sie nur falsch gemacht?
War falsch überhaupt das richtige Wort?

Dabei hatte sie im Gespräch versucht, sich an das zu halten, was die Mediatorin gesagt hatte:
Erst schildern, was sie beobachtet hat.
Dann äußern, welches Gefühl das bei ihr auslöst.
Dann sagen, was ihr wichtig gewesen wäre.
Dann eine Bitte äußern.

Sie überlegte noch einmal. Wie hatte sie diesmal angefangen?
„Letztes Jahr hast Du Daria das tolle Einhorn-Fahrrad gekauft. Aber es war eine Nummer zu groß. Das hat mich ziemlich enttäuscht. Ich hätte... ."

Weiter war sie leider nicht gekommen, denn da war er auch schon laut geworden: „Du hättest natürlich alles besser gemacht, ich bin natürlich wieder an allem Schuld. Ich bin nicht Euer Depp vom Dienst! ..."

Das war hart. Klar, darauf war sie auch eingestiegen und die Situation lief aus dem Ruder.
Doch sie wollte ihm keinen Vorwurf machen.
Klar, war sie damals enttäuscht gewesen, aber Daria war bald gewachsen, deshalb war alles halb so wild.
Sie wollte doch nur erreichen, dass das Geschenk dieses Jahr besser passt und ihn bitten, dass sie sich besser absprechen. So zumindest war ihr Plan gewesen … .

Ihr Wunsch nach gewaltfreier Kommunikation war kräftig in die Binsen gegangen. Hatte er ihn überhaupt verstanden, diesen Wunsch? Diesen Wunsch, sich an das neue Kommunikationsmuster zu halten. Was hatte sie vergessen?

Vielleicht würde sie einfach nach diesem fehlenden Etwas fragen müssen. Das nächste Mal, bei der Mediatorin, im sicheren Rahmen. Denn so sollte es nicht weitergehen. Sie wollte heraus aus Chaos, Scham und Existenzangst.

Diese Geschichte ist nur eine von vielen. Viele von uns, vielleicht auch Du, kennen solche Gespräche leider. Mit guten Vorsätzen gehen wir in ein Gespräch und am Ende scheint der Scherbenhaufen größer als zuvor.

Doch aus meiner langjährigen Erfahrung als Mediatorin sage ich:
DAS LÄSST SICH ÄNDERN!

Wenn Du eine Idee davon erhalten möchtest, wie Dir der Start in eine entspanntere Kommunikation auch während einer Trennung gelingen kann, lade ich Dich herzlich ein, die nächsten Schritte mit mir zu gehen.

I. Der erste Schritt
Wie Veränderung gelingt.

Herzlichen Glückwunsch!
Den ersten Schritt hast Du bereits getan!
Du hast erkannt, dass es für Dich so wie bisher nicht weitergehen soll!
Bereits diese Erkenntnis ist so viel wert! Nimm Sie an! Drück sie nicht als „selbstverständlich" weg!

Atme und lächle.

II. Der zweite Schritt
Wie Veränderung beginnt.

„Jede Veränderung beginnt in mir."

(Barbara Eiblmaier)

1)
Veränderung während einer Trennung kann an vielen Stellen beginnen,
- kann bei jedem Menschen beginnen,
- kann bei jedem Thema beginnen,
- kann in jedem System beginnen,
- kann mit Unterstützung beginnen oder in eigenen Schritten.

2)
An welcher Stelle möchtest du mit deiner Veränderung beginnen?
Um anzufangen nimm dir ein Blatt Papier und einen Stift.
Wenn du möchtest, nimm bunte Stifte dazu.

Liste alle Themen auf, die sich wegen der Trennung verändern werden, alle, die Dir in den Sinn kommen. Einfach so, bunt und wild.
Schreibe sie untereinander, nebeneinander, durcheinander, groß oder klein, ganz wie Du magst.

Dann sieh sie dir an, die Themen auf deinem Blatt Papier.
Sieh nochmal genau hin und dann fühle in dich hinein:
Auf welchem Thema liegt die größte Emotion? Egal ob positiv oder negativ.
Färbe es grün.
Welches Thema ist dir am dringlichsten? Färbe es rot.
Welches Thema ist dir am wichtigsten? Färbe es leuchtend gelb.

Jetzt priorisiere diese Themen und schreibe sie auf ein neues Blatt:
Ganz oben das Thema, das zuerst im HIER und JETZT angegangen werden soll.
Ganz unten das Thema, dessen Klärung etwas warten kann.

Wenn du mehr Ideen dazu haben möchtest, welche Themen bei einer Trennung relevant sein können, lade ich dich auf meine homepage www.facettenreich-m.de ein. Hier findest du unter „Praktisches" eine pdf-Datei mit einer entsprechenden Auflistung zum kostenfreien Download.

Gleichzeitig schärfe dein Bewusstsein!
Deine Priorität ist nicht notwendigerweise die der/des anderen. Wenn ihr später ins Gespräch geht, sei dir bewusst, dass ihr zuerst klären müsst, ob ihr beide das gleiche Thema zuerst im HIER und JETZT angehen wollt.

Welche Erkenntnis hast DU bis hierher schon gewonnen?
In welchem Thema benötigst du im HIER und JETZT am ehesten Klarheit, am ehesten Lösungen?

Der zweite Schritt ist getan.

Atme und lächle.

Welche Wege es zur Klärung deiner Themen während einer Trennung geben kann, erfährst du im nächsten Schritt.

III. Der dritte Schritt
Wege erkennen. Wähle weise.

„Trennung - Rechtsanwalt - Scheidung" ist als DER einzig gangbare Weg in einigen Köpfen. Doch muss das sein?

Das Recht soll dem Menschen dienen.
Doch wie soll das Recht wissen, was dem Einzelnen Menschen wichtig ist?
Wie kann es gelingen, dem Individuum während seines Trennungsprozesses Raum zu geben?

1)
Da saß ich, in der Anwaltskanzlei meiner letzten Chefin.
Gerade hatte ich ihr frohen Mutes meine Kündigung übergeben.

Sie sah mich mit großen Augen an:
„Aber warum wollen Sie aufhören? Sie sind doch gut, in dem was Sie tun?"

Ja, ich war gut in dem, was ich tat.
Ich konnte mich gut in Systeme hineinversetzen, also auch in die Rollenverteilung und Pflichten vor Gericht.
Ich konnte mich gut in Menschen hineinversetzen, also auch in meine Mandanten.
Ich konnte Komplexes einfach erklären, also auch das Familienrecht für den Laien.

Und das kann ich bis heute.

Doch als Rechtsanwältin im Familienrecht, die schon seit elf Jahren praktizierte, fragte ich mich zu diesem Zeitpunkt, wie Trennung für die Ex-Partner GUT auf anderen, alternativen Wegen gelingen kann.
Und ich war mir sicher, STREITEND – VOR GERICHT - mit dem Blick auf einen RECHTLICHEN ANSPRUCH IM VORDERGRUND - das war nicht der Weg in eine gelungene Trennung.
In eine Trennung ohne Chaos,
in eine Trennung ohne Existenzangst,
in eine Trennung ohne Scham,
in eine Trennung ohne Schuldzuweisung,
in eine Trennung ohne Rosenkrieg,
in eine Trennung auf Augenhöhe,
in eine selbstbestimmte Trennung.

Ich spürte, dass alle Beteiligten langfristig besser leben, wenn sie miteinander eine Lösung finden.
Selbst die vermeintlichen Gewinner eines Rechtsstreits, noch dazu einer Scheidung, verloren meist jede Menge Nerven und manchmal sogar sich selbst.

Denn was den Einzelnen bewegt, weiß das Rechtssystem nicht. Es ist für eine Vielzahl von Menschen gestrickt.
Was hilft den Beteiligten beispielsweise ein Zahlungsanspruch, wenn er/sie stattdessen gerne den Bauernschrank hätte, der während der Ehe in einem wunderschönen Urlaub im Antiquitätenladen erstanden wurde?

Warum also wollte ich mit der Anwaltstätigkeit aufhören?
Weil ich nicht mehr für andere streiten wollte. Diese Energie zermürbte mich nach und nach.
Diese Energie wollte ich nicht mehr in unsere Familie, nicht zu unseren einjährigen Zwillingen tragen.

Ich wollte aufhören, weil ich spürte, dass die ständige Bewertung, was richtig oder falsch war, alle zermürbte und nicht recht weiterbrachte.

Ich wollte aufhören, weil ich echt sein wollte und nicht eine Rolle für die Mandanten in einem System, das selten den Mensch mit all seinen Gefühlen sieht.

Ich wollte aufhören, weil ich die Gabe habe, mich in andere Menschen hineinzuversetzen. Es ist ein bisschen wie das Hineinschlüpfen in die verschiedenen Charaktere auf den Bühnen meiner Jugend. Nur in ECHT!

Weil ich den drängenden Wunsch habe, andere Menschen kennenzulernen und zu verstehen, ohne Bewertung.

Denn ich bin davon überzeugt, dass jeder Mensch bei jeder Entscheidung, in diesem Moment das für ihn richtige tut, sonst hätte er sich nicht dafür entschieden.

Warum wollte ich also mit der streitigen Anwaltstätigkeit aufhören?
Weil ich als Anwaltsmediatorin mit Menschen in ihre selbstbestimmte Zukunft sehen will!
Weil ich mit Ihnen Lösungen finden will, konstruktiv und individuell!
Weil ich Menschen wieder lachen sehen will!
Genau das sagte ich meiner Chefin damals – mit innerer Gewissheit im Herzen.

2)
„Je besser ich mich orientieren kann, umso sicherer fühle ich mich."

(Barbara Eiblmaier)

Welche Wege und welche Ansprechpartner gibt es für dich neben Rechtsanwalt und Anwaltsmediator/in bei einer Trennung noch? Und vor allem wofür sind diese Personen und Institutionen zuständig?

Vorab möchte ich dich dafür sensibilisieren, dass das Familiengericht bei einer Scheidung automatisch nur den Versorgungsausgleich, d.h. den Ausgleich der Renten-anwartschaften nach dem gesetzlichen System neben dem Scheidungsausspruch mit regelt; ausgenommen der Versorgungsausgleich wurde zwischen den Ehegatten zuvor anders in einer notariellen Vereinbarung geregelt.

Alle weiteren Themen werden durch den Familienrichter nur auf einen gesonderten Antrag, in den meisten Fällen dann in einem gesonderten Verfahren behandelt und entschieden.

Der Familienrichter berücksichtigt nur die Auswirkungen eines Bereichs auf einen anderen Bereich in den verschiedenen Verfahren.
Er betrachtet jedoch nicht im Voraus, was für die betroffene Familie als Ganzes betrachtet die beste und auch machbare Lösung sein könnte.
Ich denke hier z.B. daran wie das Bewohnen einer eigenen Immobilie in die Berechnungen des Kindes- oder Ehegattenunterhalts hineinspielen kann,
die Erwerbsobliegenheit eines Ehegatten/Elternteils oder auch der Lebensmittelpunkt oder der Betreuungsumfang der Kinder Einfluss auf Kindes- oder Ehegattenunterhalt hat,
wie sich die Zuordnung von Gegenständen zu Hausrat oder Vermögen auf die tatsächlich vorhandenen Finanzen auswirkt, etc.

Gestaltung, also das Treffen von Entscheidungen, wer wo lebt, wer evtl. ein Haus übernimmt oder ob es verkauft wird, wer wieviel arbeitet und wieviel Kinder betreut in Kenntnis und unter Berücksichtigung aller Auswirkungen, ist durch die sich trennenden Partner weit vor dem Scheidungsantrag möglich UND sinnvoll.

Hier nun eine Übersicht über weitere Ansprechpartner, die Dir zur Verfügung stehen:

Coach	Jugendamt = Behörde	Beratungsstelle	Anwaltsmediator	Anwalt	Notar
- Einzeln	- Paar o. Einzeln	-Paar o. Einzeln	- als Paar	- einseitig,	- als Paar
- betreut, um persönliches Potential zu fördern	- erste Beratung - Vermittlung Umgang/Sorge-recht - Berechnung des Kindes-unterhalts für minderjährige Kinder möglich - zuständig für Vaterschafts-anerkennung, Sorgerechts-erklärung, Jugendamts-urkunde als Titel für Kindesunterhalt - kann Erziehungs-beistand oder Sozialpädagogische Familienhilfe für Kind bzw. Familie bestellen - auch Wächter bei Gefährdung des Kindeswohls	Beziehungsebene oder Elternebene -ohne juristische Information -Gesprächs-führung -Vermittlung bei Umgang / Sorgerecht -Zwischen-menschliches, Pädagogisches, Psychologisches	- neutral - unparteiisch - mit neutralen juristischen Informationen, Unterhalts-/Zugewinn-ausgleichs-berechnungen, - Einzelfall - konstruktive Gesprächs-führung -Vermittlung in allen Themen - bereitet Notar-verträge vor	- streitig - parteiisch - einseitige juristische Informationen, Unterhalts-/Zugewinn-ausgleichs-berechnungen, - Einzelfall -Korrespondenz mit gegnerischem Anwalt - gerichtliche Vertretung u.a. - ausschließlich juristische Themen - denkt von Berufs wegen in Anspruchsgrund-lagen für seine/n Mandant/in	- neutral - juristische Verträge - juristische Basisinformationen in formpflichtigen Angelegenheiten (u.a. Hausverkauf, Gütertrennung/ Güterstands-vereinbarung, Vereinbarung nachehelicher Unterhalt vor Rechtskraft der Scheidung, Ausschluss oder Modifizierung des Versorgungsausgleichs) - keine Berechnungen zu Unterhalt oder Zugewinn
Stundensatz oder Pauschal-vereinbarung	Verwaltungs-gebühren oder kostenfrei	Spendenbasis	Stundensatz oder Pauschal-vereinbarungen	Rechtsanwalts-gebühren nach RVG oder Stundensatz	Notargebühren nach GNotKG

Wenn du jetzt auf deine Themenliste und auf deine Priorisierung aus Schritt zwei siehst:

Was ist dir bei dem gewählten Thema wichtig? Was ist für dich ein „Must-Have"? Je nachdem, welchen Schwerpunkt du für dich selbst gesetzt hast, sind folgende Ansprechpartner für dich die richtigen:

- Juristische Hintergrundinformationen?
  (Anwaltsmediator/in, Anwalt, evtl. Notar)
- Erkennen von juristischen Anspruchsgrundlagen?
  (Anwaltsmediator/in, Anwalt)
- Durchsetzen/erstreiten möglicher juristischer Ansprüche?
  (Anwalt)
- Erkennen von Regelungsbedarf?
  (Anwaltsmediator/in, Anwalt, evtl. Beratungsstelle)
- Aufsetzen von notariellen Vereinbarungen?
  (Notar, Vorbereitung Anwaltsmediator/in, evtl. Anwalt)
- Pädagogische/psychologische Einschätzung?
  (Beratungsstelle, Jugendamt, evtl. Mediator)
- Konkrete individuelle Betrachtung wie sich Entscheidungen im realen Leben auswirken? (Anwaltsmediator/in, Anwalt; ohne juristische Informationen auch Beratungsstelle, Jugendamt)
- Eigene Werte mit einbeziehen?
  (Anwaltsmediator/in, Beratungsstelle, evtl. Jugendamt)
- Vermittlung?
  (Anwaltsmediator/in, Beratungsstelle, zu Anfang auch Jugendamt)
- Gesprächsführung?
  (Anwaltsmediator/in, Beratungsstelle, zu Anfang auch Jugendamt)
- Gespräche verändern? (Anwaltsmediator/in, Beratungsstelle)

Wer ist für dich zum jetzigen Zeitpunkt der richtige Ansprechpartner, wenn du dich an dieser Tabelle orientierst?
Notiere dir die Berufsrichtung, die Profession hinter deinem Thema/Deinen ersten 3 Themen.

Du willst direkt noch mehr wissen?
Du willst direkt ins Handeln kommen?
Dann recherchiere im Internet welche Professionen in deiner Region vertreten sind, recherchiere, ob bestimmte Personen oder Institutionen auch online arbeiten, wenn das dein Wunsch ist,
hole Referenzen ein oder melde dich bei mir und vereinbare einen Termin, um dich bereits bei diesem Schritt unterstützen zu lassen.

Du bist den dritten Schritt Richtung Klarheit gegangen.
Kannst du es spüren? Wundervoll!

Atme und lächle.

IV. Der vierte Schritt
Gespräche ohne Schuldzuweisungen und Unterstellungen

Herzlichen Glückwunsch!
Du hast jetzt bereits aus dem Alten heraus eine gewisse Orientierung für das Neue gefunden und zwar sowohl
- in der Frage, welche Themen dir gerade besonders wichtig sind als auch
- in der Frage, wer für dich der richtige Ansprechpartner zur Unterstützung ist.

Was wäre, wenn jetzt noch Gespräche ohne Schuldzuweisungen und Unterstellungen, leichter und lösungsorientierter verlaufen könnten?
Sowohl die eigenen, privaten als auch die mit unterstützenden Stellen?
Nachfolgend habe ich ein Beispiel für dich aus einer meiner Trennungsmediationen:

Der Obstbaum

In einer Trennungsmediation thematisierten die Eheleute den Verbleib des gemeinsamen Hausgrundstückes mit großem Garten.

Sie fanden zu zweit keine Lösung.
Der Mann wollte das Haus nicht übernehmen. Die Frau konnte den Mann nicht auszahlen. Die Teilung des Grundstücks war zwar rechtlich möglich, aber irgendwie auch nicht recht. Verkaufen wollten beide nicht.

Im ersten Moment des Gesprächs war für mich als Mediatorin fast nichts fassbar, nichts greifbar. Im Raum stand ein großes Fragezeichen.

Ich wandte mich an die Frau:
„Wenn ich Sie richtig verstanden habe, möchten Sie mit den Kindern im Haus bleiben?"
„Ja."
„Ihnen stehen die finanziellen Mittel Ihren Mann auszuzahlen nicht zur Verfügung?"
„Ja."
„Die Teilung des Grundstücks wäre eine Variante?"
„Ja."

Doch es war spürbar, dass diese Antwort nicht von Herzen kam.

„Die Teilung des Grundstücks ist eine Option, aber es ist nicht die beste Option für Sie? Sie fühlen sich mit dieser Lösung noch nicht rundum wohl?"
„Ja."
„Was wäre denn die beste Option?"
Sie zögerte zu antworten. Die Antwort lag ihr spürbar auf der Zunge, doch sie traf die Aussage nicht.
Was ging in ihr vor? , fragte ich mich.

„Es wird keine Verurteilung Ihrer besten Option geben, wenn das Ihre Sorge ist", sagte ich zu ihr. „Höchstens kommt sie nicht in Frage."
Sie zögerte, blickte zu mir, blickte auf den Tisch.
„Die Äpfel in der anderen Gartenhälfte, die würde ich gerne weiter ernten. Mit den Kindern habe ich jedes Jahr so eine Freude daran, sie zu verwerten."

„Natürlich kannst Du das Obst weiter ernten! Ich bin doch eh nicht vor Ort!" war die spontane Reaktion des Mannes.

Ein Wunsch, der zuvor nicht bekannt war; ein Wunsch, der der Ehefrau vor dem Mediationsgespräch zu unbedeutend vorkam, um ihn auszusprechen.
Er wurde erst in der Mediation sichtbar durch den Wechsel des Fokus „weg vom Problem" hin zu den Bedürfnissen der Ehegatten – hier der Freude der Ehefrau an der Apfelernte.
Die Teilung des Grundstücks wurde beantragt und der Gartenanteil in der notariellen Vereinbarung auf den Mann, der Anteil mit dem Haus auf die Frau übertragen. Für die Eheleute hielt ich im Gesprächsprotokoll die Einigung zur Apfelernte fest.

Wer hätte das gedacht?
Ich nicht, ohne das Gespräch mit den Medianten, die Medianten nicht ohne das Gespräch mit mir.

1)

Dieses Mediationsgespräch - wie viele meiner Mediationsgespräche - war angelehnt an das Gesprächsmodell des Vier-Schritte-Dialogs aus der Gewaltfreien Kommunikation nach Marshall B. Rosenberg. Es führt ohne Vorwürfe und Erwartungen auf die eigenen Bedürfnisse zurück.

Wie bereits im Eingangsbeispiel (vor Schritt 1) erwähnt, leitet es mit folgender Struktur:

- Erst schildert der Sprecher rein sachlich, was er gesehen, gehört, gelesen, etc. hat.
- Er äußert, welches Gefühl durch die Situation ausgelöst wurde.
- Er benennt das Bedürfnis/sagt, was er benötigt, um das Gefühl (in eine subjektiv bessere Richtung) zu verändern.
- Er äußert eine Bitte, wie in der Zukunft mit der Situation umgegangen werden könnte.

Was ist dir selbst, höchstpersönlich wichtig, höchstpersönlich ein Bedürfnis, bei einem bestimmten Thema?
Z.B. bei den monatlichen Finanzen: Dass es eine faire Lösung gibt? Das jeder sein Auskommen hat? Das du dein Auskommen hast? Dass für eure Kinder private Schulen finanziell möglich bleiben? usw.

Es geht zuerst einfach darum, völlig ohne Wertung – auch ohne eigene Wertung – festzuhalten, was dir wichtig, was dir ein Bedürfnis ist. Was sich umsetzen lässt, ist eine andere Frage, die hier gerade nicht betrachtet wird.
Es ist auch nicht egoistisch seine eigenen Bedürfnisse zu kennen und von ihnen zu sprechen. Der andere erhält im Gespräch genauso die Möglichkeit seine Bedürfnisse zu nennen. Dass jeder sich seiner Bedürfnisse bewusst wird, hat den großen Vorteil, dass dieser Mensch in diesem Moment bei sich ist. Damit entfällt in diesem Moment automatisch eine Bewertung des anderen.

Erst wenn im nächsten Schritt Lösungen im Raum stehen, erfolgt eine Bewertung der Lösungsoptionen und auch an der Stelle NICHT auf „gut oder schlecht", sondern auf MACHBARKEIT und auf die Frage, welche Lösung möglichst vielen Bedürfnissen am besten dient.

2)
In dem Mediationsgespräch mit dem Obstbaum war auch hilfreich, dass der Rahmen klar war: Die Neutralität der Mediatorin, die Offenheit über Fakten, die Vertraulichkeit/Verschwiegenheit meinerseits über in der Mediation Gesprochenes, das Zuwenden zu lösungsorientierten Gesprächen mit Blick in die Zukunft sind bereits im Mediationsvertrag geklärt.

Auch bei privaten Gesprächen kann es hilfreich sein, den Rahmen klar zu gestalten. Im Fachjargon nennt man das „Framing".

Das kann sich dann z.B. so anhören:
„Du, ich würde gerne mit dir über meine berufliche Zukunft sprechen."
„Du, ich möchte gerne mit dir sprechen. Mir ist wichtig, dir vorher nochmal zu sagen, dass es mir dabei um keinerlei Schuldzuweisung geht, auch wenn ich vielleicht missverständlich formuliere."
„Du, ich würde gerne über die monatlichen Zahlungen mit dir sprechen."
„Du, ich würde gerne über die Zeiten der Kinder mit dir sprechen."
„Du, ich hätte ein Anliegen, wann könnten wir denn mal in Ruhe miteinander sprechen, ohne dass unsere Kinder zuhören?"

Je klarer der Rahmen, mit welcher Einstellung und worüber gesprochen werden soll, umso weniger Missverständnisse entstehen und umso besser kannst du auf dein ursprüngliches Anliegen zurückkommen.

3)
Du hast bereits eine Idee für den inhaltlichen Rahmen eures nächsten Gesprächs? Du hast bereits eine Idee, was dir bei deinem ersten Thema wichtig ist, was dein Bedürfnis ist? Ist es Sicherheit, Lebensfreude, ausgeglichene Regelungen?
Meist sind es mehrere Bedürfnisse, die nebeneinander stehen.
Notiere sie dir! Ich bin gespannt!

Der vierte Schritt zu dir selbst ist getan!
Das Neue wächst!

Atme und lächle.

V. Der fünfte Schritt
Der innere Kompass

Neben den Bedürfnissen in jeder einzelnen Situation trägt nach meinem Erleben jeder Mensch einen weiteren inneren Kompass in sich: **SEIN WESEN und SEINE INNEREN WERTE.**

Was ist es, was dich jederzeit tief berührt?
Ist es deine Naturverbundenheit? Sind es Kinder? Ist es das Eigenheim? Die schnelle Fahrt mit einem schicken Sportwagen?
Was ist es, was dein Herz vor Freude höher schlagen lässt?
Was ist es, was für dich einen Sinn im Leben gibt?

Nimm dir für jede dieser drei Fragen ein Blatt Papier und einen Stift und schreibe ohne zu zögern drauf los. Ungefähr so wie bereits im zweiten Schritt.
Oder zeichne sogar drauf los. Schon ganz einfache Skizzen dessen, was dich tief berührt, dir Freude bereitet oder einen Sinn im Leben erschafft, nehmen das Unterbewusstsein anders mit.
Gerne zeige ich dir eine (Zeichen-)Technik, mit der Klarheit und Veränderung einfach entstehen können. Melde dich gerne bei mir!

Das Besinnen auf das eigene Wesen und die eigenen Werte gibt jedem Mensch seinen eigenen Kompass, seine ihm eigene Richtung.
Jeder Mensch darf sich darauf besinnen.

Jeder darf für sich selbst danach schauen, was sein Leben reicher und schöner werden lässt.
Jeder darf auch während der Trennung Lösungen hieran orientieren.
Und bleibe mutig und konstant an dieser Innenschau.
Rom wurde auch nicht an einem Tag erbaut.

Nicht die Gesellschaft, nicht der Anwalt, nicht der Richter, sondern jeder einzelne Mensch lebt nach der Trennung nach den von ihm getroffenen Entscheidungen!

Der fünfte Schritt ist getan!

Atme und lächle.

VI. Fazit
Wie Trennung gut gelingen kann?

Bereits bei dem Gespräch mit meiner letzten Chefin vor 7 Jahren lautete meine Antwort auf diese Frage:
Schritt für Schritt und gleichzeitig ganzheitlich für Körper, Geist und Seele.

Es ist etwas wie bei Beppo Straßenkehrer aus Momo. (Fußnote 1)
Erinnerst du dich an sein Geheimnis als Freund von Momo im Kampf gegen die Zeitdiebe? Wenn man als Straßenkehrer eine sehr lange Straße vor sich hat, denkt man schnell, dass man den Weg niemals schaffen kann. Man beeilt sich und strengt sich an und kommt doch nicht voran.
Denkt der Straßenkehrer dagegen immer an den nächsten Schritt, an den nächsten Atemzug, an den nächsten Besenstrich, dann macht ihm seine Aufgabe Freude. Und auf einmal merkt er, dass er die ganze Straße gefegt hat, ohne es zu merken.
Ohne Stress, ohne Eile.

Und so lautet meine Antwort auf diese Frage auch heute:

**Schritt für Schritt und gleichzeitig
ganzheitlich für Körper, Geist und Seele,**
- Indem sich jeder bewusst wird, das Veränderungen anstehen,
- indem sich jeder bewusst wird, was die einzelnen Themen sind,
- indem sich jeder bewusst wird, was ihm/ihr zu <u>jedem</u> Thema wichtig ist und jeder den Bedürfnissen und den Grenzen des anderen Respekt entgegen bringt,
- indem sich jeder bewusst wird, was sein/ihr Wesen und seine/ihre Werte sind,
- indem sich die Paare die für sie notwendigen juristischen Informationen – sowohl zur zeitlichen Reihenfolge als auch zu den thematischen Zusammenhängen – frühzeitig und ganzheitlich einholen und sich an die Stellen wenden, die sie bei den Schritten auf dem Weg einer selbstbestimmten Trennung auf Augenhöhe unterstützen können.

Die beste Variante um diesen Bogen vom Beginn der Trennung bis zur Scheidung zu schlagen ist aus meiner Sicht die Trennungsmediation. Sie vereint die Bausteine des juristisches Wissens, der Werte und Bedürfnisse des/der Einzelnen und die Königsdisziplin der Kommunikation. Sie schließt bei Bedarf auch andere Professionen mit ein, nicht aus.

Mit dem Blick auf die Bedürfnisse aller kann – wie wir es im Beispiel des Obstbaumes bei der Immobilienteilung gesehen haben – deren Erfüllung für jeden möglich sein, ohne dass der andere deswegen etwas verlieren muss.

Diese Win-Win-Situationen entstehen über das tiefere Verständnis, worum es dem Einzelnen wirklich geht.
Dies ist selbst möglich, wenn getrennte Partner in verschiedenen Phasen der Verarbeitung der Trennung stehen. So erlebe ich es in meiner Arbeit als Trennungsmediatorin.

Denn Win-Win-Situationen entstehen über das Wissen um den Unterschied zwischen den Dingen, die ich selbst ändern kann, und der Akzeptanz der Dinge, die ich selbst nicht verändern kann.

Wenn ihr euch als Ex-Partner jeder für sich der einzelnen Schritte bewusst werdet, sie umsetzt und den anderen und die Grenzen des anderen respektiert, sind die Chancen groß, dass ihr die notarielle Urkunde und den Scheidungsbeschluss am Ende dieses Weges als Ehrenurkunde für eine selbstbestimmte Trennung auf Augenhöhe sehen könnt statt als Makel in eurem Leben.

Von Herzen lade ich dich ein, deinen ganz eigenen Weg zu gehen!
Schritt für Schritt
 zu deinem Platz an der Sonne.

Ich freue mich auf dich!

Deine
Barbara Eiblmaier
Familienmediatorin
Fachanwältin für Familienrecht

Fußnote 1: (Roman von Michael Ende, 1973).

Bild 1: Schaeffler (pixabay)
Bild 2: Astrid Kühle

Barbara Eiblmaier ist Familienmediatorin, Fachanwältin für Familienrecht und Mutter von Zwillingen.

Sie gibt feinfühligen Menschen Orientierung bei Trennungen, sodass sie am Ende ihren Scheidungsbeschluss und ihre notarielle Urkunde als Ehrenurkunde für eine Trennung auf Augenhöhe sehen können.

Seit 2007 hat Frau Eiblmaier bereits zahlreiche Trennungsvereinbarungen erfolgreich für und mit ihren Kunden kreiert und sie zur Scheidung geführt.

Sich Trennende nutzen dabei Frau Eiblmaiers on- und offline Mediationen und Mentorings, um ihren eigenen inneren Kompass klarer zu nutzen und mit Frau Eiblmaiers juristischem Fachwissen und Modulen der gewaltfreien Kommunikation ohne Schuldzuweisungen eine individuelle, tragfähige Gesamtlösung Schritt für Schritt zu erschaffen.

Frau Eiblmaier lebt mit ihrem Mann und ihren Zwillingen in Augsburg.

Homepage: www.facettenreich-m.de
e-mail: Kontakt@facettenreich-m.de

Mit Markendesign zur Lieblingsmarke

Alwine Herkules

Als du dich als Coach, Berater oder Dienstleister selbstständig gemacht hast, war wahrscheinlich das Erste, worum du dich gekümmert hast, die Website – richtig? Bei deiner Auswahl von Schrift und Farbe bist du ausschließlich nach deinem Geschmack gegangen, oder? Branding spielte bisher in deinem Business wahrscheinlich eine eher untergeordnete Rolle. Das ist verständlich, denn irgendwie lief es auch ohne einen konkreten Plan, welche Schriften, Farben, Elemente, Bildmotive und weiteren visuellen Aspekte deine einzigartige Persönlichkeit, dein unverwechselbares Angebot und deine glasklare Botschaft unterstützen. Gerade fragst du dich jedoch, wie es jetzt noch besser werden kann. Immerhin zählt der erste Eindruck, und für den gibt es selten eine zweite Chance. Du spürst seit einiger Zeit, dass es da noch mehr geben muss und ahnst, dass es langsam an der Zeit ist, deinen Außenauftritt zu optimieren.

Beim Blick auf deine Website und Social-Media-Kanäle bekommst du Kopfschmerzen, weil du die ganze Arbeit siehst. Irgendwie wirkt das alles zusammengestückelt und unprofessionell – von Wiedererkennungseffekt und rotem Faden keine Spur. Du kennst das vielleicht: Du bist vor Ort bei einem Seminar und jemand fragt dich nach deiner Visitenkarte, weil du sie/ ihn mit deinem Auftritt einfach komplett überzeugt hast. Zögerst du, weil du dich mit deinen Visitenkarten alles andere als wohlfühlst, oder gibst du sie selbstbewusst und voller Stolz heraus? Oder jemand fragt nach deiner Website und du bekommst hektische Flecken, weil sie immer noch nach Eigenbau aussieht. Kommt dir das bekannt vor?

Immer öfter meldet sich diese kleine Stimme in dir, die sagt: „Darum sollte ich mich wirklich mal kümmern". Du wünschst dir, dass deine Einzigartigkeit in Form deiner eigenen professionellen Marke Ausdruck verliehen wird; dass deine Marke sicht-, fühl- und spürbar ist; dass sie Menschen auf authentische Weise zu Kunden macht. Hier kommt das Markendesign ins Spiel. Gib deiner Marke ein Gesicht!

Was ist Markendesign?

Markendesign – auch Corporate Design (abgekürzt CD) genannt – umfasst vor allem visuell gestalterische Aspekte einer Marke und ist Teil der Markenidentität (die Corporate Identity, Abk. CI), welche oft auch als Branding bezeichnet wird. Damit hat Markendesign die Aufgabe, dich als Person sichtbar zu machen und für einen Wiedererkennungseffekt zu sorgen. Es nutzt dabei insbesondere die Möglichkeiten der Typografie, Bildgestaltung und -sprache, Farbgebung, aber auch visueller Aufbau, Raster und Formen. In der Gesamtheit ist das Markendesign die zeitgemäße und kreative Umsetzung der Markenstilelemente. Markendesign gibt Orientierung und sorgt gleichzeitig für Differenzierung am Markt. Es übersetzt deine Vision, deine Unternehmenskultur, deine Positionierung und deine strategische Ausrichtung in ein visuelles und einzigartiges Erscheinungsbild. Zum Markendesign zählen zudem auch das Logo, die Website, Werbematerialien und Bildgestaltung.

Warum ist Markendesign wichtig?

Dein individuelles und einzigartiges Markendesign sorgt für Klarheit, wenn du an einem Punkt des Stillstands in deinem Business stehst und dir Marketing keinen Spaß (mehr) macht. Es sorgt dafür, dass du ganz genau weißt, was dich und deine Marke ausmacht und wie du das auch sicher im Marketing kommunizierst. So sorgst du automatisch für wiederkehrende Interessenten, ohne dass du dich besonders groß anstrengen musst.

Ein authentisches Markendesign zahlt unmittelbar auf den Wiedererkennungseffekt deiner Person ein. Stell dir vor, Menschen würden schon anhand einer bestimmten Art und Weise eines Textes, eines Bildes, einer Schrift oder einer Farbe wissen, dass du es bist, ohne dass dein Name, dein Gesicht oder dein Logo unmittelbar draufsteht. Das erleichtert ihnen nicht nur die Verbindung mit dir, sondern zeugt von Professionalität, Authentizität und letztendlich erhöht es enorm das Vertrauen in deine Person. Damit es zu einem Verkauf überhaupt erst kommen kann, benötigst du genau das: Trust.

Wir Menschen assoziieren mit Farben bestimmte Themen und Gefühle. Denke ganz spontan einmal an Rot: Was kommt dir als Erstes in den Sinn? Die Ampel im Straßenverkehr? Stopp? Liebe und Leidenschaft? Heißes Feuer? Welches Gefühl löst rot in dir aus? Hast du bestimmte Marken sofort vor Augen? Mach das Gleiche jetzt nacheinander mit blau, grün und gelb.

Ganz ähnlich ist es auch mit Schriften. Eine Schrift, die wie kindliche Schreibschrift anmutet, wirst du wohl eher nicht als Hauptschriftart in der Tageszeitung erwarten, sondern eher eine traditionelle. Und genau das ist der Punkt: Wir erwarten etwas, weil eine bestimmte Emotion – auf bewusster oder unterbewusster Ebene – ausgelöst wurde. Die Frage ist also: Was erwartest du, und was erwarten deine potenziellen Kunden? Wenn du diese Erwartungen sorgfältig ermittelst, abgleichst und zusammenbringst und sie immer und immer wieder erfüllt werden, wirst du automatisch zur Lieblingsmarke.

Wie entsteht ein Markendesign?

An allererster Stelle im Markendesign steht, wer du bist, denn du bist die Basis für ein authentisches Markendesign. Was macht dich aus? Was sind deine Wünsche und Ziele – persönlich und im Business? Wie ist deine Geschichte? Wen möchtest du ansprechen? Was charakterisiert diese Menschen? Wo stehen sie, und wo wollen sie hin? Für welches Problem hast du die Lösung? Gibt es Begriffe, die immer wieder auftreten? Welches Gefühl soll transportiert werden? Was hebt dich und dein Angebot vom Rest ab? Was macht dich einzigartig? Aus all diesen Antworten und Schnittmengen ergeben sich bestimmte Werte und Attribute, die dein künftiges Markendesign ausstrahlt. Es werden passende Farben und Schriften ausgesucht, die deine Persönlichkeit, deine Botschaft und dein Thema unterstreichen und gleichzeitig deinen potenziellen Kunden ansprechen. Daraus entstehen dann im weiteren Schritt die optimierten Markenmaterialien: Logo, Visitenkarten, Website, Grafiken und mehr.

Beim Logo startet der Prozess oft mit der Frage: Wortmarke, Bildmarke oder Wortbildmarke? Doch was bedeutet das überhaupt? Eine Wortmarke besteht, wie der Name es vermuten lässt, aus einem Wort. Das Logo ist also in den meisten Fällen dein Name in einem markanten Schriftzug. Bei der Bildmarke besteht das Logo aus einem bildhaften Element, also einem Piktogramm, Symbol oder Zeichen. Die Wortbildmarke ist die Kombination aus beidem: Schriftzug und Bild. Als Personenmarke, die du bist, empfehle ich dir Variante eins oder drei. Das erleichtert deinen potenziellen Kunden das sofortige Erkennen deiner Marke. Bei einem Bild ohne Schriftzusatz muss der Betrachter dieses bereits auf andere Weise gesehen haben, um zu wissen, zu wem es gehört und was es ausdrücken soll. Das Logo ist ein Symbol dafür, wofür du als Person mit deinem Business stehst. Es spiegelt also die Persönlichkeit deiner Marke wider.

Deine Visitenkarte sollte sich nicht nur auf das unverwechselbare Design beschränken, welches die nötigsten Informationen enthält. Auch das Material, die Papierstärke, Haptik und Veredelung trägt zur Wertigkeit deiner Marke bei. Welches Gefühl löst sie beim Überreichen aus? Weckt sie Interesse an mehr?

Lass mich noch etwas auf das Thema Website eingehen, weil ich in diesem Bereich vor mehr als 15 Jahren startete. Damals hatten wir gerade unseren ersten Internetanschluss zu Hause bekommen, und es war direkt um mich geschehen. Meine allererste Website ging wenig später online. Das Wichtigste vorab: Eine Website braucht immer ein klares Ziel. Ausgehend von diesem Ziel muss der Besucher im Sinne der Benutzerführung geleitet werden. Ist nicht klar, was der Besucher als Nächstes auf der Website tun soll, verliert er sich, und damit verlierst DU ihn als potenziellen Kunden.

Du hast unheimlich viel zu geben, zu zeigen und zu sagen, ich weiß das. Halte es jedoch im Sinne des Prinzips KISS – Keep it short and simple. Weniger ist oft mehr.

Was passiert, wenn das Markendesign nicht stimmig ist?

Hast du kein authentisches und professionelles Markendesign, gehst du in der Masse unter. Du bist austauschbar und beliebig. Das ist hart, ich weiß. Aus eigener Erfahrung kann ich dir sagen, das war einer meiner größten Schmerzpunkte im Business. Mein Design wechselte, überspitzt gesagt, jede Woche. Es war wie eine Fahne im Wind – obwohl ich um die Notwendigkeit wusste. Ich konnte und wollte mich einfach nicht festlegen – immerhin bin ich im kreativen Bereich tätig, da sollte es mit der kreativen Abwechslung doch erlaubt sein. Erst, als ich wirklich auf tieferer Ebene verstand, dass innerhalb von Millisekunden klar sein muss, dass ICH es bin, machte es Klick in meinem Kopf. Wiedererkennung innerhalb weniger Millisekunden funktioniert eben nicht, wenn ich alle naslang die Schriften, Bildmotive, ja auch Farben ändere. Das sorgt für Verwirrung pur – nicht nur bei mir, sondern vor allem bei potenziellen Kunden. Ich habe meinen eigenen Weg gefunden, mich über mein Markendesign auszudrücken, und das wünsche ich mir auch für dich! Dein Angebot kann noch so toll und hilfreich sein, wenn es nicht das ausstrahlt, was es an Wert hat, bleibt es leider ein Ladenhüter. Ich weiß, dass du etwas in der Welt bewegen möchtest und echten Mehrwert für deine Kunden lieferst. Du bist großartig, und die Welt braucht dich! Lass deine Marke und ihr visuelles Erscheinungsbild auch genau das transportieren.

5 Tipps für einen unverwechselbaren Wiedererkennungseffekt deiner Marke

Passende Bilder: Kennst du den Spruch: „Ein Bild sagt mehr als tausend Worte"? Nutze das für deine Außendarstellung. Suche Bilder heraus, die vom Motiv her zu deinem Angebot passen. Verwende Bilder, die ein ähnliches Gefühl und eine ähnliche Stimmung ausdrücken. Kläre vorab die Fragen: Wie willst du wirken? Welches Gefühl soll dein Angebot auslösen? Wenn du einen Filter für deine Bilder nutzt, bleibe bei einem und verwende diesen immer wieder. Zeige dich, wie du bist: als Person, bei dem, was du liebst. Bette dich unbedingt als Person ein, denn du bist die Marke.

Unterstreichende Schriften: Nutze nicht mehr als zwei verschiedene Schriften und behalte diese konstant bei. Ist dir das zu wenig, arbeite mit fett, kursiv und unterstrichen – die meisten Schriften können das. Frage dich vorab, was mittels dieser Schrift transportiert werden soll. Bist du eher in einem sehr persönlichen Thema unterwegs, kannst du eine Kontrastschriftart ähnlich einer Handschrift verwenden (sog. Script Type). Hast du ein traditionelles oder konservatives Thema, bediene dich an einer klassischen Schrift (es sei denn, du willst einen wirklichen Kontrast in der Branche erzielen. ACHTUNG: Was erwartet dein Zielkunde?).

Aussagekräftige Farben: Entscheide dich für eine Hauptfarbe und maximal zwei ergänzende Nebenfarben. Du kannst dazu noch Abstufungen von schwarz und weiß verwenden. Unterstützt die Farbe das, wofür du stehen willst? Wie wirkt sie? Was wird mit ihr assoziiert? Hier ein paar Beispiele: Blau steht u. a. für Ferne, Sehnsucht, Klarheit, Vertrauen und wirkt emotional ausgleichend. Mit rot wird u. a. Durchsetzungskraft, Liebe, Feuer, Leidenschaft, Alarm, Gefahr assoziiert. Strahlen, Leuchten, Heiterkeit, Sonne, Licht und eine anregende Wirkung schreiben wir der Farbe Gelb zu. Im Gegensatz dazu verbinden wir mit grün Natur, Entspannung, Erholung, und dies sorgt für gesteigerte Kreativität. Out of the Box: Hast du die Farben, die du gewählt hast, auch in deinem Kleiderschrank, um sie als Markenzeichen zu etablieren? Ein

Tuch, ein Ohrring oder ein roter Lippenstift kann auch schon wahre Wunder wirken.

Ansprechende Tonalität: Wer bist du? Gibt es Wörter, die du immer wieder nutzt? Baue diese in deine Texte ein. Welche Sprache (im übertragenen Sinne) sprichst du und welche dein Publikum? Verwendest du eher lange, verschachtelte, hochwissenschaftliche Sätze oder bist du der kurze, prägnante, zum Punkt kommende Typ? Achte beim Schreiben auf die „richtige" Ansprache. Kommuniziere direkt ins Herz deines Zielkunden. Was wünscht er sich von dir? Was bewegt ihn (und dich)? Was ist seine Herausforderung? Welchen Weg bist du schon gegangen, der noch vor ihm liegt? Wenn du dich für das „Du" entscheidest, behalte es überall bei.

Sei du: Der wohl wichtigste Punkt bei allem ist, dass du DU SELBST bist und bleibst. Sei authentisch und echt und wähle die Komponenten zu dir passend aus. Sonst läufst du Gefahr, dass du dich verstellen musst. Menschen merken es sofort, wenn etwas nicht stimmt. Bist du im Einklang mit deiner Marke, ist das die beste Voraussetzung dafür, dass deine potenziellen Kunden in Resonanz gehen können. Du, deine Marke und der Zielkunde bilden eine unverwechselbare Schnittmenge. Lass dein Markendesign dafür sorgen, dass du zur anziehenden Lieblingsmarke deiner Kunden wirst.

Alwine Herkules ist Markendesignerin und Inhaberin der Agentur HERKULES.media. Sie unterstützt Unternehmer:innen, die einen echten Impact in der Welt bewirken wollen, beim Kreieren ihrer sicht-, fühl- und spürbaren Marke, ohne dass sie sich in einen Rahmen pressen müssen.

Sie hat in den letzten sieben Jahren zahlreiche Autor:innen, Dienstleister:innen und Berater:innen aus Deutschland, Österreich und der Schweiz bis hin zur authentischen Lieblingsmarke begleitet. Dabei entstanden nicht nur professionelle Websites und Markenmaterialien, sondern wertvolle und überzeugende Corporate Identities.

Foto: alicjawkrainiefotografii

Zusammen mit ihrem Mann und ihrer kleinen Tochter lebt und arbeitet Alwine Herkules dort, wo andere Urlaub machen: an der Ostsee, direkt zwischen Deutschlands größten Inseln Rügen und Usedom.

HERKULES.media

Kontakt:

info@herkules.media
https://herkules.media
https://alwineherkules.de

Entdecke und werde die Frau, die du wirklich bist

Lebe dich - und dein Leben

Birte Pahlmann

Da halte ich ihn in den Händen, den Brief meines Mannes. „Lebe dein Leben …", lese ich da unter anderem und kann es nicht fassen! Was meint er damit? Wie soll ich ausgerechnet jetzt mein Leben leben! Es ist sein Abschiedsbrief, denn vor einigen Tagen hat er sich das Leben genommen. Neben der Fassungslosigkeit, Ohnmacht und Wut plagen mich Schuldgefühle. Vor ziemlich genau drei Monaten hatte ich mich von ihm getrennt. Und jetzt erhalte ich diese Nachricht von ihm. Doch weiß ich überhaupt, was es bedeutet … MEIN Leben zu leben?

Heute kann ich sagen, dass dieser Augenblick einer der wertvollsten in meinem Leben war, auch wenn ich es damals noch nicht erkennen konnte.

Geboren als älteste von drei Geschwistern lernte ich schon früh, Verantwortung für meine drei Jahre jüngere, schwer geistig behinderte Schwester zu übernehmen. Ich liebe sie sehr, doch oftmals fühle ich mich überfordert und traue mich nicht, dies meinen Eltern zu sagen. Ganz unbewusst möchte sie nicht noch mehr belasten. So lernte ich schon als kleines Mädchen, all meine Gefühle herunterzuschlucken und mich hinter einer Maske von Lachen und Fröhlichkeit zu verstecken.

Über gute Leistungen in der Schule und beim Sport versuchte ich, mir die Zuwendung und Aufmerksamkeit zu holen, die ich an anderer Stelle vermisste. Der Druck, den ich mir selbst auferlegte, wurde stärker und stärker und mein ständiger Begleiter.

Mit 15 Jahren hielt ich der Situation nicht mehr stand und entwickelte eine massive Essstörung. Ich hungerte mich bis an eine lebensbedrohliche Grenze und habe es nur einer wirklich hervorragenden Psychotherapie zu verdanken, dass ich diese Situation überlebte. In dieser Zeit lernte ich, mehr zu mir zu stehen, meine Meinung und Wünsche zu äußern, doch tief in meinem Inneren strebte ich unbewusst nach wie vor danach, nur ja nicht negativ aufzufallen, geliebt zu werden und ich richtete mich nach dem, was gefühlt andere von mir verlangten. In manchen Situationen flammte es ein wenig auf, mein eigentliches ICH, aber bei dem kleinsten Gegenwind verkroch es sich sofort wieder.

Inspiriert durch die Erfahrungen aus meiner eigenen Psychotherapie hatte ich nach dem Abitur den Plan, Psychologie zu studieren. Ich hatte diesen tiefen Herzenswunsch, zu lernen, Menschen mit psychischen Problemen, ja vielleicht sogar Mädchen und Frauen, deren „Themen" ich so gut kenne, all die Unterstützung geben zu können, die auch mir so sehr geholfen hat. Ein ausführlicher Eignungstest vom Arbeitsamt bestätigte mir sogar, dass ich dort genau richtig war.

Doch ich ließ mich wieder von der Meinung der Anderen beeinflussen. „Das ist nichts für dich, wie willst denn ausgerechnet du anderen helfen? Dafür bist du doch viel zu labil", bekam ich zu hören. Wieder ließ ich mich verunsichern, gab die Verantwortung ab und entschied mich dafür, Sprachen zu studieren, so wie es meine Eltern vorschlugen. Das Leben nahm seinen Lauf: Hochzeit, Kinder, Haus und Familie …

Und so vergingen die Jahre. Nach außen hin sah alles prima aus. Ein eigenes Haus, ein bodenständiger zuvorkommender Ehemann an meiner Seite, zwei tolle Söhne. Ich sah gut aus, war klug, hatte studiert und alles im Griff, auch meine Figur. Akribisch zählte ich jede Kalorie. Mein Leben sah perfekt aus, aber es fühlte sich nicht perfekt an. Immer häufiger fragte ich mich: Wer ist diese Frau, die mich da im Spiegel anschaut? Durchtrainiert, schlank, fit, doch aus ihren Augen blickte so viel Traurigkeit. Fühlen konnte ich mich selbst schon lange nicht mehr.

Wer bin ICH eigentlich? Was sind meine Wünsche? Wovon träume ICH?

Ich war im ständigen Überlebensmodus. Anderen sagte ich mit einem resignierten Augenzwinkern: „Ich bin alleinerziehende Mutter mit Ehemann". Im Innen wie im Außen lebte ich aber an vielen Stellen gegen mich. Meine Bedürfnisse und Gefühle nahm ich immer weniger wahr und funktionierte nur noch … Für die Familie, für das Bild im Außen und vor allen Dingen, um geliebt zu werden, gelobt und anerkannt. Ich kämpfte wie eine Löwin dafür – oft mit Erfolg! Dafür gab es auch schöne Momente in meinem Leben. Dann fühlte ich mich bestätigt, dass das Leben eben kein „Ponyhof" ist, dass ich mir alles erkämpfen musste. Im Innen wie im Außen wurde ich immer härter, keine weibliche Sanftheit, kein Innehalten, mich spüren, keine Liebe, die fließen konnte, für mich und auch nicht für andere … All das, was mich doch eigentlich als weibliches Wesen ausmachte, verschwand von Tag zu Tag mehr.

Lange Jahre kämpfte ich so weiter, ignorierte ich all die Warnschüsse meines Körpers. Meine weiblichen Organe schlugen Alarm. Bei jeder Menstruation hatte ich starke Schmerzen. Es war, als ob sich alles gegen das Weibliche in mir wehren wollte. Ein zum Glück harmloser Knoten, den ich an einem Morgen in meiner Brust entdeckte, Zysten an den Eierstöcken … Schließlich musste aufgrund eines großen Myoms an der Gebärmutter diese entfernt werden. Es war, als ob sie mir sagen wollte: „Wenn sie mich nicht braucht, dann kann ich auch gehen." Zum ersten Mal hatte ich das Gefühl, etwas von meiner Weiblichkeit verloren zu haben. Aber statt mir diese Gefühle zu erlauben und mich jetzt endlich mal um mich zu kümmern, ging ich so schnell wie möglich wieder zur „Tagesordnung" über. Ich kämpfte weiter, ignorierte die Bedürfnisse meines Körpers und meiner Seele und fühlte mich mehr und mehr als einsamer Krieger.

Eines Morgens, weitere 10 Jahre später, unsere Söhne waren inzwischen schon erwachsen, hörte ich sie endlich, meine innere Stimme, oder war es mein Herz? Ich fühlte es so deutlich: „Wenn du so weitermachst, wirst du das nicht überleben." Und dennoch dauerte noch weitere drei Jahre, bis ich den Mut hatte, aus diesem goldenen Käfig auszubrechen, mein Leben endlich selber in die Hand zu nehmen. Ich hatte mich in all den Jahren so von meinem Ehemann abhängig gemacht, dass ich es mir nicht mehr zutraute, allein mein Leben zu meistern. Mein Lebensmuster, immer das zu tun, was andere von mir verlangen, was andere denken, was gut für mich ist, hatte mir mit der Zeit auch den letzten Rest an Selbstvertrauen geraubt. Oder besser gesagt, ich habe es mir rauben lassen. Doch der Überlebenswille war jetzt größer als jegliche Angst. Und so nahm ich all meinen Mut zusammen und trennte mich von meinem Mann, zog in eine eigene kleine Wohnung und dachte zum ersten Mal in meinem Leben nur an mich.

Und nun stehe ich da. Mit dem Abschiedsbrief in der Hand, und das ganze Leben bricht über mir zusammen.

Aber ich wäre nicht ICH, wenn ich jetzt aufgeben würde. Wenn ich mich meinem Schicksal ergeben würde und mich für den Rest des Lebens voller Trauer und Verbitterung in mein stilles Kämmerlein zurückziehen würde. "Kämpfen habe ich ja gelernt!", denke ich mir.

So ganz auf mich zurückgeworfen mache ich mich auf den Weg zu mir selbst. Ich entscheide mich, mich eine Woche vollständig aus meinem Alltag auszuklinken. Ich bin mutig und nehme mir zum ersten Mal Zeit nur für mich und besuche die Transformationswoche von Robert Betz. Ich lerne, mich immer mehr zu fühlen, entdecke die Frau, die ich bin. Ich darf lernen, dass ich der wichtigste Mensch in meinem Leben bin und dass die einzige Person, die mich glücklich machen kann, ich selber bin. Während einer Herzöffnungsmeditation beginnt alles in mir zu vibrieren. Wow, was für ein erhebendes Gefühl! Ich fühle mich wie Dornröschen, die aus einem jahrzehntelangen Schlaf wachgeküsst wird. Doch werde ich nicht wachgeküsst, sondern ich küsse mich selbst wach! Mehr und mehr entdecke ich mich - mit alldem, was ich bin. Alles ist in mir. Ich brauche nichts aus dem Außen. Noch während des Seminars nehme ich Decke für Decke von meinem verborgenen ICH ab und meine tief in mir verborgenen Sterne beginnen wieder zu funkeln. Doch das ist erst der Anfang, es ist noch ein weiter Weg zu mir, zu meinem ICH, zu mir selbst.

Heute bin ich im Frieden mit all dem, was war. Meine Vergangenheit ist ein Teil meines Lebens und ich fühle große Dankbarkeit in mir. Heute habe ich meinen Herzensmann an meiner Seite, bei dem ich so sein darf, wie ich bin, mit all meinen Seiten, Schatten und Licht, Stärken und Schwächen. Ich kämpfe nicht mehr darum, geliebt zu werden, sondern ich werde geliebt, alleine dadurch, dass ich bin. Ich fühle mich wohl in meiner Weiblichkeit, lerne mehr und mehr den Augenblick zu genießen und bin meinem Körper jeden Morgen dankbar, dass er noch da ist.

Ich lebe es mehr und mehr, MEIN Leben! Und es fühlt sich großartig an.

Vielleicht fragst du dich nun, wie genau ich es geschafft habe, zu der Frau zu werden, die ich wirklich bin und wie auch du dorthin kommen kannst?

<u>**Um deinem Leben eine neue Richtung zu geben, darfst du immer drei wichtige Dinge mitnehmen: deinen Körper, deinen Geist und deine Seele.**</u>

Diese drei bilden ein Team, und wenn sie in Balance sind, dann hast du schon eine gute Voraussetzung geschaffen, um dich zu erkennen und DEIN Leben zu leben. Vielleicht kennst du das: Du wünschst dir eine Veränderung in deinem Leben. Wenn du nun versuchst, alles nur mit deinem Geist, deinem Verstand, deinem Kopf zu analysieren, zu durchdenken und zu erklären, wirst du bald bemerken, dass kaum etwas passiert. Die gewünschte Veränderung tritt nicht ein. Das stresst dich, und dein Gedankenkarussell dreht sich immer schneller. Doch dein Verstand funktioniert nur dann einwandfrei, solange du einigermaßen entspannt bist. Sobald du in Stress gerätst, kannst du nicht mehr klar denken und handeln. Das hast du sicher schon erkannt und auch erlebt. Ebenso können zwar deine Seele und dein Herz dir deine Wünsche aufzeigen und es gelingt dir vielleicht auch, wunderbare Herzensentscheidungen zu treffen. Aber ohne deinen Kopf wird es schwierig, diese dann auch umzusetzen. Und schließlich lebst du in deinem Körper. Ohne ihn wärst du nicht hier. Also lerne ihn liebevoll zu behandeln, damit er dir weiterhin dienen kann, um dich durch deine Veränderung zu tragen.

Und dann ist da noch diese Sache mit dem männlichen und weiblichen Prinzip!

Das männliche und das weibliche Prinzip

Wenn ich vom männlichen und weiblichen Prinzip spreche, möchte ich zunächst einmal betonen, dass wir alle, Frauen wie Männer, alles in uns tragen: die sogenannten weiblichen wie auch die männlichen Anteile.

Wir ordnen dem sogenannten männlichen Prinzip das Aktive, das Rationale zu: Dazu gehören z. B. machen und tun, kontrollieren, Vernunft, konkurrieren, kämpfen, Ungeduld, geben, erobern und noch vieles mehr. Zu dem weiblichen, zulassenden und eher emotional geprägten Prinzip gehören Eigenschaften wie z. B. sein, fühlen, Herz, Vertrauen, entspannen, Hingabe, empfangen, Geduld, behüten, spielen, träumen, genießen, annehmen ...

Wenn du dir diese Begriffe genauer ansiehst, dann wird deutlich, dass die weiblichen Eigenschaften in unserer Gesellschaft oft zu kurz kommen. Wir leben in einer Gesellschaft, die sehr vom „männlichen Prinzip" geprägt ist. Wir rennen durch unser Leben. Sind ständig in Aktion, machen, organisieren und werden von unserem Verstand gesteuert. Das Weibliche in uns, unser Herz, kommt dabei oftmals viel zu kurz.

Vielleicht hast auch du eines Tages beschlossen, dass du so wie deine Mutter nicht leben möchtest: abhängig, aufopfernd, sich selbst nicht wichtig nehmend. Aus deinem Wunsch, unabhängig zu sein, hast du deinen eigenen Beruf gelernt, Karriere gemacht, verdienst dein eigenes Geld und bist vielleicht auch schon viel selbstbewusster, als es deine Mutter gewesen ist. Du bist erfolgreiche Managerin eines kleinen Familienunternehmens, schaffst den Spagat zwischen Familie und Beruf, bist überall präsent, nahezu perfekt ... Und doch spürst du, dass irgendetwas fehlt. Du fühlst dich oft müde und erschöpft, fragst dich am Ende des Tages vielleicht oftmals, wo du selbst eigentlich bleibst bei all dem Tun und Machen. Du bist vielleicht sogar ein wenig hart geworden, funktionierst nur noch, deine weiblichen Eigenschaften haben kaum noch Raum. Vielleicht lehnst du sie sogar ab? Was denkst du über deinen weiblichen Körper, liebst du ihn? Oder „muss der auch noch in Form gehalten werden", muss funktionieren?

Wo ist das Weibliche in dir geblieben?

Es ist natürlich sehr wichtig, dass du, als die Frau, die du bist, selbstbewusst und auch unabhängig durch dein Leben gehen kannst und das auch tust. Aber gibt es nicht vielleicht auch eine sanftere Art und Weise, dein Leben zu leben? Was denkst du, wie könnte es sich für dich anfühlen, wenn neben deinem Verstand auch dein Herz wieder mehr zu Wort kommt? Wenn du deine weiblichen Anteile wieder zu dir holst und sie neben deinen männlichen wieder mehr Raum bekommen? Wenn du wieder mehr ins Vertrauen kommst? Wenn du aus dem rationalen Tun wieder mehr deiner Intuition folgst und deinen Gefühlen? Wenn du wieder annehmen lernst, dir kleine Auszeiten gönnst, dich nicht mehr in all dem Tun und Machen verlierst? Wenn du dich wieder mehr in dir und deinem Körper zu Hause fühlst?

Wenn du all dies schon tust, dann ist das wunderbar! Dann wirst du spüren, wie wichtig und schön es ist und wie du in deiner ureigenen weiblichen Kraft bist, die nicht mehr im Außen sucht, sondern ganz bei sich ist.

Ich möchte dir hier ein paar kleine Tools aufzeigen, wie du dich wieder mehr an dich in deiner Weiblichkeit erinnern und die du gut in deinen Alltag mit einfließen lassen kannst.

Chill' mal und liebe dich selbst

Entspannung und Loslassen ist wichtig, um unsere weibliche Kraft, die ganz tief in uns schlummert, wieder zu aktivieren. Stress und Lieblosigkeit ersticken sie hingegen. Wie wäre es, wenn du dir wieder ganz bewusst Zeit für dich nimmst, vielleicht kleine Rituale schaffst und es dir in deinem Leben immer mal wieder richtig schön machst? Schaff dir deine kleinen und größeren Oasen, im Innen und gern auch im Außen. Nimm wahr, wenn du dich nach Gemütlichkeit und einer Portion Romantik sehnst und umgib dich mit schönen Dingen. Übrigens gibt es diese weiblichen Bedürfnisse, auch in den Männern. Auch sie können sich also mit schönen Dingen stärken, die ihre Sinne ansprechen! In unserer aktuellen Gesellschaft, die so sehr auf Leistung programmiert ist, kommen diese weiblichen Anteile gerade viel zu kurz. Viele Frauen meinen noch so oft, dass sie sich anstrengen müssen die Zähne zusammenbeißen, sich durch das Leben kämpfen müssen. Diese Vorgehensweise aber entspricht dem weiblichen Prinzip überhaupt nicht, schwächt uns und lässt uns auf Dauer ausbrennen.

Und so lade ich dich, die Frau, die du bist, ein, dich wieder mehr auf dich zu besinnen, dich zu spüren. Wahrzunehmen, was dir jetzt guttun würde und dir Augenblicke der Entspannung zu schenken. Deine Seele immer mal wieder baumeln zu lassen und aufzutanken. Schenke dir Zeit mit dir. Kannst du schon allein mit dir Glück empfinden? Das hat nichts mit Egoismus zu tun. Das ist Wellness für deine Seele und Selbstliebe pur. Deine weibliche Kraft ist schon längst in dir, und genauso kannst du sie nähren.

Doch nicht nur deine Seele ist wichtig. Was denkst du über deinen Körper? Gehst du jeden Morgen ins Bad und „machst dich fertig"? Dein Körper begleitet dich treu schon dein ganzes Leben lang, und auch wenn du vielleicht nicht immer lieb zu ihm warst, er ist noch immer da! Er hat deine Kinder geboren, wenn du welche hast, er hat so manche Krankheit überstanden, hat sich geheilt … ist er nicht ein wahres Wunderwerk? Vielleicht magst du ihm und dir auch immer wieder etwas Gutes tun. Eine wohlduftende Lotion, eine Massage, ein entspannter Gang in die Sauna … Oder einfach nur die frische Luft in der Natur einatmen, die Sonne auf der Haut spüren, den Wind in den Haaren … Nähre deine Sinne.

Fühle, dass du wertvoll bist

Bist du dir eigentlich darüber bewusst, was du Tag für Tag leistest? Und was du in deinem wunderbaren Leben schon alles erreicht hast?

Du bist die Heldin deines Alltags.

Vielleicht ist nicht alles, was du tust, sofort sichtbar im Außen, oder bringt vordergründig keinen finanziellen Gewinn. Aber ist das wirklich so? Ist nicht all das, was du der Welt als die Frau, die du bist, geben kannst, also deine Liebe, deine Fürsorge, deine Wärme, dein Mitgefühl und noch vieles mehr, eigentlich unbezahlbar? Wonach suchst du noch, hinter was rennst du noch her? Fang an, dir selbst die Liebe, Wertschätzung und Dankbarkeit zu geben, die du im Außen suchst! Dankbarkeit ist nicht nur ein Wort! Lerne, dir selbst Tag für Tag dankbar zu sein und dieses starke Gefühl der Dankbarkeit immer mehr in deinem Herzen zu fühlen! Denn es ist gerade diese Dankbarkeit, die dich wertvoll fühlen lässt und so wie magisch alles in dein Leben zieht, was zu dir gehört. So kann die Fülle Einzug halten in allen deinen Lebensbereichen.

Sei DU

Weißt du eigentlich, wer du bist? Lebst du deine Träume? Was ist deine Vision? Und wie möchtest du dich fühlen in deinem Leben?

Ich weiß, das sind viele Fragen. Also nimm dir bitte etwas Zeit und überleg, was dich noch daran hindert, all das, was du willst, Teil deines Lebens werden zu lassen. Dazu darf dir zunächst einmal bewusst werden, was DU dir wünschst. Vielleicht hast du es, so wie ich lange Jahre meines Lebens, irgendwie vergessen und spürst sogar eine innere Leere: Dann wird es allerhöchste Zeit, dass du dich wieder an DICH erinnerst. Denn du trägst schon längst alles in dir. Du darfst deine inneren Schätze nur wieder zum Leben erwecken. Erinnere dich einmal daran, wovon du als kleines Mädchen geträumt hast. Wie hast du dir damals dein Leben vorgestellt? Wie wolltest du dich fühlen als erwachsene Frau? Gibt es vielleicht Hobbys oder Vorlieben, die du immer mehr aufgegeben hast, weil vermeintlich keine Zeit dafür war oder du glaubst, dir diese Zeit nicht nehmen zu dürfen?

Welche Werte sind dir wichtig? Und wie kannst du sie jeden Tag ein wenig mehr leben?

Und zu guter Letzt: Bitte höre auf, dich zu vergleichen. Du bist DU! Jeder Mensch ist einzigartig. Es ergibt überhaupt keinen Sinn, so sein zu wollen, wie jemand anderes, wenn es deinem Wesen, dem, was deine Seele sich wünscht, gar nicht entspricht. Im Gegensatz zu deinen Ahnen bist du hier und heute frei, als die Frau zu leben, die DU bist.

Es ist also nie zu spät für DEIN Leben! Wenn du dich wieder daran erinnerst, dass du als Frau von Natur eine Nähe zu deinem Herzen hast und wieder mehr lernst, deinem Gefühl und deiner Intuition zu folgen, dann kannst du dich auch wieder mehr und mehr an DICH erinnern. Die Antwort auf deine Frage, wer du wirklich bist, kennt nur dein Herz! Spüre immer wieder in dich hinein, erlaube dir all deine Gefühle, die angenehmen und die unangenehmen, um deinen Weg zu gehen, und (er-)finde dich neu. Und sei dir gewiss: Alles, was du vielleicht noch suchst, ist schon längst in dir, so wie auch deine ureigene weibliche Kraft. Suche nicht mehr im Außen, sondern schenke dir immer wieder Zeiten der Stille, damit du sie hören kannst ... DEINE HERZENSSTIMME! Suche dir gerne auch Unterstützung dabei, zu dir zu kommen und dich zu leben, mit allen Facetten. Auch das ist ein Teil des weiblichen Weges. Du darfst annehmen.

Und dann lebe es: DEIN LEBEN!

Birte Pahlmann ist Master Inspirations-Coach, Transformationstherapeutin nach Robert Betz® und Headcoach bei *Greator*, der erfolgreichsten Weiterbildungsplattform für Persönlichkeitsentwicklung im deutschsprachigen Raum.

Sie bietet Einzelcoachings, Seminare und Workshops sowie Ayurvedische Massagen an.

Als Assistentin in den Ausbildungen zum Master Inspirations-Coach sowie zahlreichen Seminaren bei *Herz über Kopf* begleitet sie seit Jahren Menschen auf dem Weg in ihr ganzes Potenzial. Darüber hinaus unterstützt sie als Headcoach die *Greator Coach Ausbildung*, leitet dort eigene Ausbildungsgruppen und steht auch für Einzelcoachings zur Verfügung.

Ihre Herzensangelegenheit ist es, Frauen in der Mitte ihres Lebens dabei zu unterstützen, zu erkennen, wer sie wirklich sind und endlich IHR Leben zu leben voller Liebe und Leichtigkeit, ohne zu kämpfen und sich wieder selber dabei zu vergessen.

Schicke ihr gern eine Mail oder kontaktiere sie über das Kontaktformular auf ihrer Website und vereinbare ein kostenloses, dreißigminütiges Inspirationsgespräch, in dem du schon erste ganz persönliche Themen mit ihr besprechen kannst.

Birte Pahlmann
*LifeCoach *für Dein Herz**

lifecoaching@birte-pahlmann.de
www.birte-pahlmann.de
https://www.facebook.com/birte.pahlmann/

Reine Liebe – kraftvolles Sein

Dein Weg zu einer grenzenlosen Weiblichkeit –

wild, frech, frei und wunderbar!

Karin Prem

Träumst du davon

- mehr Wohlbefinden, Gesundheit, Lebensenergie und Lebensqualität in dein Leben zu ziehen?
- Du willst das Beste aus dir heraus holen?
- Deine Selbstheilungskräfte stärken, deinen Körper formen und deine Ernährung optimieren?
- Dich innerlich wertvoll und wunderschön attraktiv fühlen?
- Du möchtest möglichst lange gesund, fit und lebendig jung bleiben?
- Du wünschst dir mehr Lebensenergie, Wohlbefinden und Freude am Leben?
- Du sehnst dich danach, im Reinen mit dir und deiner Persönlichkeit zu sein?
- Du willst dein volles Potenzial entdecken und auch entfalten?
- Du möchtest respektvolle und wertschätzende Beziehungen aufbauen?
- Und das Wichtigste: Du bist bereit, die Verantwortung für deine Einstellung, dein Verhalten und dein Leben in die eigenen Hände zu nehmen und zu lernen, wie du dich selbst befähigen kannst, anstatt dich abhängig von anderen zu machen?

Dann bist du hier genau richtig. Hier findest du Impulse, um dein Wohlbefinden und deine Lebensqualität auf die nächste Stufe zu bringen! Dieser Buchbeitrag ist für Frauen, die mehr wollen...

Mehr Liebe.
Mehr Gesundheit.
Mehr Ausstrahlung.
Mehr Erfolg.
Mehr Freiheit.

Meine Botschaft an dich: Alles ist möglich!

Alles beginnt in deinem Kopf – wie innen, so außen.

Auch ich stand bereits öfters an wichtigen Wendepunkten in meinem Leben. Ich wusste schon immer: Es steckte noch so viel mehr in mir, als das, was ich gerade lebte. Ich hatte mehr PS, die auf die Straße wollten. Kennst du das auch? Eine riesige, verborgene Schatzkammer mit unglaublich viel Know-how lag in mir verborgen. Ich war unzufrieden mit mir, meinem Körper, meinem Leben und meiner beruflichen Situation. Heute sehe ich die damalige Situation als Geschenk, weil mir jede Erfahrung – egal ob positiv oder negativ – die Augen geöffnet hat. Heute unterstütze ich besonders Frauen dabei, die sich ständig energie- und freudlos im Gedankenkarussell drehen, sich endlich wieder lebendig, gesund, attraktiv und wertvoll zu fühlen, weil sie eine liebevolle Beziehung zu sich selbst aufbauen und ihre schlummernde Schöpferkraft aktivieren.

Bereits mit 15 Jahren habe ich mich auf einen besonderen Weg gemacht. Mein geöffnetes Herz hat in einer atemberaubenden Geschwindigkeit alles magnetisch angezogen, was wichtig war. Damit veränderte sich mein Leben, wie ich es mir nie erträumen konnte.

Als Wohlfühlexpertin liebe ich es heute, besonders Frauen nachhaltig zu einer energie- und freudvollen, lebendig-gesunden Beziehung zu sich selbst zu führen. Ich biete Lösungen mit ganzheitlichen Gesundheitskonzepten an, die eine beschleunigte Verjüngung positiv beeinflussen.

Schon mein Leben lang befasse ich mich mit „Reinigung von Körper, Geist und Seele", der Kraft der „bedingungslosen Liebe" und der Frage, wie Frauen ihre ursprünglichen Fähigkeiten zur Selbstheilung wiederentdecken können. Ganz „zufällig" (das heißt für mich: „es fällt mir bewusst zu") bedeutet mein Name „Karin", altgriechisch „Die Reine", und geheiratet habe ich einen wundervollen Mann mit Nachnamen „Prem". Dieser Name heißt übersetzt „Die Liebe" und kommt aus dem indischen spirituellen Sanskrit: Liebe, Zuneigung, Freundlichkeit. Die wertschätzenden Begegnungen mit allem, mit Objekten, Lebewesen, Tieren und Menschen in Liebe ist mir schon immer sehr wichtig gewesen.

Jeder Mensch trägt ein besonderes Geschenk mit sich, das jeder hier auf der Erde auspacken darf, um Menschen glücklich zu machen. Mein Geschenk ist das Bewusstwerden, wie wunderbar wertvoll unsere Gesundheit, Schönheit und Freiheit ist. Gesunde Menschen, freies Leben, schönes Sein im Hier und Jetzt voller Reinheit, Freude im Herzen, losgelöst von Systemen, Bestimmungen, Ängsten und Zwängen. Ich bin es. Jetzt bist du dran, was ist dein Geschenk für die Menschheit? Wie innen, so außen.

Aus meiner Erfahrung mit bereits hunderten von Kunden weiß ich jedoch auch, dass viele Menschen Probleme haben, Mut zum Glücklichsein aufzubringen. Viele leiden auch unter ihren Begrenzungen, die sie sich häufig selbst auferlegen. Die Lebensfreude zu spüren, Liebe zu geben und anzunehmen, alles in Liebe zu tun und anderen mit bedingungsloser Liebe begegnen, Zuneigung und Berührung zuzulassen und alle Erwartungen loszulassen, ist nicht immer einfach.

Voller Leidenschaft gebe ich mein Wissen weiter, wie jeder Willige es schaffen kann, die Freude und Energie in sich und in anderen zu aktivieren. Wie wäre es, wie ein Leuchtfeuer zu sein? Bist du bereit, nicht nur deines, sondern auch alle anderen Lichter im Herzen anzuzünden – zum Wohle aller?

Es ist so ein wunderschönes Gefühl, voll angekommen zu sein, wenn wir gemeinsame Freude und Liebe zulassen und dabei auch auf alle Symptome unseres wunderbaren Wohlfühlkörpers achten.

Du findest auf den folgenden Seiten Inspirationen und Impulse, hilfreiche Tipps und erprobtes Wissen. In meinem langjährigen Wirken als Wohlfühlexpertin zur Prävention und Gesundheitsförderung, Kosmetikerin sowie spirituelle Lehrerin mit Fokus-Weiterbildungen in Verjüngung, Meditation, Transformation, Energiearbeit und Achtsamkeit habe ich viel Erfahrung rund um „be happiness" und deren Bedeutung im Leben gesammelt. All dieses Wissen stelle ich dir zur Verfügung, damit es dich auf deinem Weg weiterbringt.

Dieser Abschnitt ist für dich:

Du bist eine machtvolle, wunderschöne, anziehende, attraktive Frau voller Superkräfte

Du hast bereits alles in dir, was du brauchst, um heute ein erfülltes, grenzenloses und unwiderstehliches Leben zu beginnen und zu leben, und DU kannst für viele Menschen mit deiner kraftvollen Ausstrahlung ein Geschenk sein.

Deine Lebensgeschichte ist einzigartig und wertvoll

Alles, was du in deinem Leben bereits gemeistert hast, ist eine Inspiration für andere Menschen. Finde heraus, was deine „innere Antriebskraft und Power" ist und lerne, deine mitgebrachten Werkzeuge, wie zum Beispiel deinen Körper oder die universellen Gesetze für dich und alle Lebewesen auf der Welt richtig zu nutzen.

It's Showtime, Baby – werde zum Hauptdarsteller in deinem Leben

Du bist ein Star - mach damit die Welt zu einem noch besseren, liebe- und lichtvolleren Ort. So ähnlich wie dein eigenes Paradies oder dein eigenes Universum auf Erden.

Beginne sofort, auch wenn du noch nicht bereit bist

Wie wäre es, wenn du gedanklich schon dort wärst, wo du sein willst? Was hält dich jetzt davon ab, dein Leben in eine neue Richtung zu lenken, so wie du es wirklich von Herzen haben möchtest?

Sehnst du dich nach einem gesunden, reinen Wohlfühlkörper, einer straffen, makellosen Haut oder einer wunderschönen, charismatischen Ausstrahlung? Willst du noch mehr über Verjüngung und unbewusste Alterungsprozesse lernen, bist du jetzt für Veränderung und direktes Handeln bereit?

Oder willst du dich noch besser vorbereiten und wartest weiterhin auf den perfekten Zeitpunkt?

Wie heißt es so schön? „Lieber unperfekt starten, als perfekt warten und sein Leben lang zögern."

Lass doch einmal deine ganze Geschichte Revue passieren. Ich persönlich habe nicht schlecht gestaunt, herauszufinden, was alles in den letzten Jahren passiert ist. Oft sehen wir selbst nicht, was wir schon alles erreicht haben. Nehmen unsere Erfolge nicht wahr, erkennen uns nicht an, übersehen vieles und legen den Fokus auf die negativen Dinge, die passieren. Drehe doch den Spieß einmal um und schreibe alle deine Erfolge der vergangenen Monate und Jahre auf. Du wirst dich wundern, was dabei alles zusammenkommt.

Heute führe ich beispielsweise ein erfolgreiches Online-Business und bin selbstständige Unternehmerin der WohlfühlBASIS. So sieht es heute aus – doch das war nicht immer so. Alles begann mit ein paar guten Ideen und Impulsen.

Wie auch du deinen Traum verwirklichen kannst, indem du deinem Herzen, deiner „inneren Stimme" folgst und deiner Intuition vertraust, das möchte ich dir jetzt erzählen.

Bis 2019 war ich als Angestellte in verschiedenen Bürojobs, Rehakliniken und am Ende im sicheren öffentlichen Dienst, der Wirtschaftsprüfung der Ärzte im Arzneimittelbereich, tätig. Doch schon 2001 merkte ich, wie es in mir ständig kribbelte, wie mein Alltag mir Zeichen setzte und schwerer wurde. Ich fühlte mich unwohl in mir, mit der Arbeitssituation, eigentlich mit allem, und dachte: „Ich muss jetzt etwas verändern, so kann es nicht mehr weitergehen. Ich will etwas anderes machen, ich will einzigartig sein, etwas Besonderes bewirken, da ich eine große Aufgabe zu erledigen habe!". Das erkannte ich, weil mich so viel interessierte, ich alles an Wissen im Bereich Gesundheit, Schönheit und Liebe aufgesaugt habe. Durch regelmäßige Meditationen und intensive Energiearbeit erhielt ich durch meinen inneren Führer und Manager immer genaue Ansagen und Impulse, was der nächste Schritt sei. Doch hörte ich nicht oft darauf, da ich das Sicherheitsdenken durch Erziehung nicht einfach abschalten konnte. Immer dasselbe, jeden Tag das Gleiche – all das langweilte mich zu Tode. Die innere Stimme in mir ließ mich jedoch immer wieder im Alltag spüren, dass es mir so viel Freude machte, die Welt jeden Tag ein bisschen schöner zu machen. Durch diverse Weiterbildungen und Ausbildungen habe ich all das bis dahin gelernte Wissen genutzt, mir etwas Eigenes aufzubauen. Ich wollte zufriedener sein, mein eigenes Geld verdienen und mein volles Potenzial leben. Wie das gehen sollte, wusste ich allerdings damals noch nicht, bis ich mich selbst für einen eigenen Coach an meiner Seite entschied, der mich an mein Ziel führen sollte.

„Die wahre Erkenntnis, eine große Vision und eine klare Entscheidung führen dich auf den Weg bis zum Ziel"

Wenn du deinen aktuellen Ist-Zustand gerade nicht zu 100 % erkennst, brauchst du gar nicht erst zu beginnen. Wo stehst du gerade? Wie lebendiggesund, energie- und freudvoll bist du auf einer Skala von 1 bis 10 (10 ist das größtmögliche Gesundheitsgefühl)? Wie wohl fühlst du dich, was möchtest du verändern?

Möchtest du dich mit Gesundheit oder mit liebevollen, wertschätzenden Beziehungen besser auskennen? Wie steht es derzeit mit deinen aktuellen Beziehungen zu dir selbst, Freunden oder Familie, Bekannten?

Wenn du also noch keine Vision hast, wo es hingehen soll, dann ist es höchste Zeit, sie herauszufinden und aufzuschreiben. Wie willst du deine Zukunft haben? Was macht dir Spaß? Welcher Beruf erfüllt dich? Schnapp dir Papier und Stift und fang an. Ich arbeite am besten mit den inneren Gefühlen, Lieblingsfähigkeiten bzw. Talenten in der Kindheit und Mindmaps, in denen ich meine Ideen sammle und strukturiere. Danach fokussiere ich es täglich auf meinem Visionsboard. So sehe ich klar: Da will ich hin. So will ich sein, das will ich tun und haben. Gas geben wie eine Rakete kannst du nur, wenn du dein Ziel kennst und vor dem Start die Koordinaten eingegeben hast, wie ein Navi.

Und dann passiert Magisches. Wenn ich die richtigen Fragen gestellt habe, kamen leise Stimmen und Ideen, was ich jetzt machen konnte, um das Ziel zu erreichen. Ich habe es mir innerlich vorgestellt, und auf mysteriöse Weise öffneten sich im Außen neue geniale Chancen, die ich anfangs nicht erkannt habe.

Unser Denken ist voller Glaubenssätze und Überzeugungen, Ver- und Beurteilungen, Bewertungen und Feststellungen. Wir denken zum Beispiel: „Das geht doch gar nicht" oder „es muss so und so sein", „das ist nicht richtig und total anstrengend", „es ist immer viel zu Mimimi, Bliblablub" und so weiter. Bullshit!

Du wirst merken: Wenn du die Engelszeichen überhörst, klopft das Schicksal immer lauter. Solltest du nicht darauf hören wollen, verpasst du dein Leben, oder es zeigt sich körperlich mit einschneidenden Erlebnissen. Erst, als ich es beim wiederholten Male bewusst auch mit dröhnenden Sirenen annehmen konnte, hat sich plötzlich mein Leben schnell und leicht zum Positiven verändert.

Wenn du eine Idee hast, dann setze sie gleich um. Mach es so einfach wie möglich, jedoch folge nur deinem inneren Kompass, deiner inneren Stimme, Intuition und Impulsen.

Durch reinen Zufall fügte sich alles. Meine Neugier in den Bereichen Gesundheit und Schönheit ließen mich jeden Tag aufs Neue staunen, in welcher rasanten Geschwindigkeit ich all das Hintergrundwissen wie ein Staubsauger aufsaugte.

2001 lernte ich durch Zufall und mit Empfehlung einer Freundin eine Kosmetikfirma kennen, nach und nach auch die reine Kraft der Natur, die ayurvedische Medizin und verschiedene TCM-Methoden, was mich alles schon immer sehr fasziniert hat. Dadurch verbesserten sich meine damals extreme Problemhaut und meine schmerzenden Entzündungen im Körper nach kürzester Zeit enorm. Ich war sofort begeistert.

So fing meine wunderschöne Reise an. Nach ein paar wenigen Monaten Kundendasein entschied ich mich, diese Arbeit zu meinem Hauptberuf zu machen und die Tätigkeit als ärztlich geprüfte Kosmetikerin und Gesundheitsberaterin als Zweitberuf auszuüben. Der Kontakt mit Menschen, die fantastischen Produkte und die vielfältigen Pflegevorführungen begeisterten mich so sehr, dass ich mich noch in weiteren Bereichen wie etwa als Visagistin und mit Stil-Farb-Style-Beratung und als spirituelle Lehrerin und vieles mehr ausbilden ließ. Schnell merkte ich, welche Fähigkeiten und Talente schon immer in mir schlummerten, die ich täglich neu entwickeln durfte. Durch die Gabe meiner Intuition, innere Impulse und meine „körperlichen und spirituellen Werkzeuge", die übrigens jeder Mensch besitzt, fiel es mir immer leichter, die körperlichen Symptome meiner Kunden zu analysieren und die dahinterstehenden Ursachen aufzudecken und auch aufzulösen. Somit begann das Abenteuer als Wohlfühlexpertin, Körperflüsterin und Glücklichmacherin in meinem eigenen Wohlfühlstudio mit Leidenschaft und vielen WOW-Momenten.

Heute blicke ich glücklich und mit einem großen Lächeln auf eine erfolgreiche Zusammenarbeit mit vielen tollen Herzensmenschen, Kunden, Kolleginnen, Teampartnern und vielen schönen, ereignisreichen Augenblicken zurück. Ganz viele kleine Schritte führen mich immer zu meinem Erfolg.

Somit konnte ich im November 2019 mein Herzensbusiness endlich zum Hauptberuf machen. Meinen sicheren Beruf im öffentlichen Dienst kündigte ich und ließ alles voller Freude los. Es ist ein unglaublich erleichterndes, atemberaubendes Gefühl, endlich seiner Berufung zu folgen und nicht mehr unnütz und sinnlos für andere Tätigkeiten, die mir keinen Spaß mehr machten, zu arbeiten. Heute wirke und diene ich voll und ganz meinem Element in meiner vollen Essenz und in einer hohen Schwingungsfrequenz. Zudem leiste ich täglich Mehrwert für Menschen, die in den Bereichen Gesundheit, Schönheit, Verjüngung und Styling etwas in ihrem Leben verbessern möchten.

Sich mit der weiblichen Urkraft und der reinen Natur zu verbinden, ist kein Hexenwerk. Die Kunst ist nur, aus dem von Kind an konditionierten energie- und freudlosen Gedankenkarussell auszusteigen. Wir dürfen alle erkennen, wie liebenswert, lebendig und attraktiv-wertvoll wir sind – vorausgesetzt, wir sind bereit für Veränderung und gehen unseren Weg mit Disziplin und Ausdauer.

Die innere und äußere Schönheit zum Strahlen zu bringen mit einer beschleunigten Heilung aller Begrenzungen, das macht mir sehr viel Freude. Jeder Mensch darf seine wahre Schönheit selbstbewusst zeigen. Bist du bereit, mutig den Mitteilpunkt deiner Lebensbühne einzunehmen und alle Ängste und Selbstzweifel positiv zu transformieren? Du bist der Regisseur und Hauptdarsteller in deinem Lebensfilm. Du bist die Sonne in deinem Universum und kannst alle Menschen mit einem funkelnden Lächeln anstrahlen und auch viel glücklicher machen. Die Kunst dabei ist, die eigene Energie konstant hoch zu halten.

Meine Arbeit wird von Tag zu Tag bereichert durch das Wohlbefinden, die Begeisterung und die Anerkennung meiner Kunden. Ich bin so glücklich darüber, mein Hobby zu meinem Herzensbusiness gemacht zu haben.

Durch meine Lebenserfahrung empfehle ich jedem, so schnell wie möglich die eigenen Fähigkeiten und Talente - z. B. aus der Kindheit - zu erkennen und die schlummernden Schätze aus der tief versteckten Schatzkammer zu befreien, um sie in die Welt zu tragen. Die Zeit ist so kostbar.

Wir haben alle ein riesiges Geschenk mit wertvollen Werkzeugen auf der Erde erhalten, das jeder Einzelne jetzt auspacken darf. Diese Geschenke können wir bewusst annehmen, indem wir bewusst auf unser Herz, unsere innere Stimme hören und den dickköpfigen, starren Verstand ausschalten. Stell dir vor, dein Herz als Autofahrer mit kribbelndem Gefühl mit all deinen Visionen auf dem Beifahrersitz lenkt einen schönen, sportlichen, roten Ferrari mit 1.000 PS, und der vor Angst schreiende, begrenzte, steif sitzende Verstand mit Mimimi-Gedanken steckt im Kofferraum fest. Du drehst die Musik so laut auf, dass du nur noch voll vibrierend und voller Adrenalin glückselig energievoll die Töne des Verstandes überhörst, weil du mit Ekstase deinem Ziel täglich, Vollgas mit Pedal auf Anschlag, einen großen Schritt näherkommst.

Die Welt braucht Wunder und dich mit einzigartigen Fähigkeiten. Nur du kannst jetzt mit diesen besonderen Talenten Menschen auf dieser Welt helfen, morgen oder in 20 Jahren könnte es zu spät sein.

Je mehr Fehler wir machen, umso besser werden wir!

„Mach möglichst schnell viele Fehler". Nur so kannst du daran feilen und immer besser und wertvoller werden. So habe ich mein Wissen und Können entwickelt.

Das oberste Gebot ist, was ich gelernt habe: nicht grübeln, sondern machen, auch ohne Perfektionismus.

Man ist eigentlich nie bereit, es gibt immer eine bessere Ausrede. Also triff gleich Entscheidungen, oder es entscheiden andere für dich. Um mich besser zu entscheiden, frage ich mich immer: „Was bringt mich heute meinem Ziel näher? Was kann ich heute tun, um mich selbst und Menschen glücklicher zu machen?"

Ich fokussiere mich und verfolge mein Ziel so lange, bis ich es erreicht habe. Und dann kommt das nächste. Setze dir klare Ziele und lass sie nicht mehr aus die Augen. Ich persönlich liebe hier meine Visionsboards, die mich täglich bildhaft an meine Ziele erinnern.

Also: Fang an, wenn du bereit bist, am besten gleich sofort.

Mein Weg zu einer unwiderstehlichen Ausstrahlung

Der damalige extrem belastende Alltagsstress, das unerfüllte sinnlose Gefühl in der Arbeit und das Mobbing von Kollegen, das ständig energie- und freudlose im Gedankenkarussell drehende Leben spiegelte sich extrem auf meiner Haut wider. Als Widder-Frau bin ich schon immer sehr lebendig, impulsiv und starrköpfig durch die Wand gegangen. Bis ich circa 25 Jahre alt war, lebte ich zudem einen wilden, jugendlichen, mich austobenden Lifestyle, das heißt ungesunde Ernährung, extremes Rauchen, täglich Alkohol und viel zu wenig Schlaf waren meine täglichen Begleiter. Im Außen spielte ich immer die taffe, coole, tolle Frau, jedoch fühlte ich mich innerlich richtig leer, einsam, unnütz und fehl am Platz, sehr unwohl, hässlich und wertlos.

Die Haut und der Körper sind das Spiegelbild unserer Seele.

All mein unklares, verwirrtes inneres Seelenleben spiegelte mein Körper mit extremen Entzündungen, Akne und Unreinheiten wider. Jeder Blick in den Spiegel löste ein Gefühl von Frust, innerer Wut, Machtlosigkeit und Alleinsein aus. Ständig diese Gedanken wie „meine Haare sind zu dünn, die Nase zu krumm, mein Körper zu dick, mein Busen zu klein, die Beine zu dellig" usw. Dazu kam, dass ich mich nie richtig verbal ausdrücken konnte, weil ich es nicht gelernt habe, viel zu sprechen. Ich war immer brav, lieb und zuvorkommend. Ich habe es nie gelernt, laut und aufbrausend meine Meinung zu kontern. Ich war einfach angepasst, ins System gepresst und hilflos fremdbestimmt.

Schon sehr früh interessierte ich mich für Persönlichkeitsentwicklung, Numerologie (die Bedeutung der Geburtszahlen), Reflexologie und Schwingungserhöhung und liebte es, Menschen zu beobachten. Die verschiedenen Krankheiten meiner Eltern, Familie, Partner und meine eigenen, wie Diabetes, Gehirntumore, Übergewicht mit Stoffwechselstörung, verschiedene Süchte wie Zucker, Perfektionismus und Alkohol, Kontrollzwang und so weiter zeigten mir schon so viel Wissen und Hintergründe auf. Meine Mutter lehrte mich schon sehr früh, was es bedeutete, ganzheitlich alternative Medizin zu verwenden und wie sich Gedanken mit Gefühlen auf den Körper auswirken – egal ob positiv oder negativ.

Immer wieder sehe ich, dass wir Menschen so viel negative Be- und Verurteilung von verschiedenen Erfahrungen mit uns tragen. Ich persönlich bin meinen überaus herzlichen Eltern gegenüber so dankbar, und ich wertschätze ihren Lebensweg sehr, weil ich sie über alles liebe und sehr dankbar bin für all ihre und somit auch meine Erfahrungen im Leben. Diese wertvolle Zeit sehe ich heute als sehr wichtig an. Sie zeigt mir so deutlich auf, was ich heute haben will und wie ich es auf jeden Fall nicht haben möchte.

Jedes erlebte einschneidende Ereignis im Leben hat immer auch ein positives Geschenk im Rucksack, wenn wir es erkennen. Deswegen möchte ich dir diese wichtigen Punkte mitgeben, die mich immer wieder auf den Weg in meine anziehende Energie geführt haben.

Das Rezept für eine magisch-unwiderstehliche positive Ausstrahlung:
1. Folge deinem Herzen und deinen Zielen mit Disziplin und Ausdauer
2. Wachse und vergrößere dich täglich, denke groß mit großer Wirkung
3. Genieße einen tollen, einzigartigen Lifestyle
4. Erlaube es dir, die beste Version deiner Selbst zu sein
5. Habe richtig unanständig viel Spaß mit dir und allem

Alle Entscheidungen, die du schnell aus dem Herzen triffst, führen dich ans Ziel, wenn du deine Energie hochhältst, fokussiert weitergehst und sie nicht mehr aus den Augen lässt.

Dein Weg führt zum Ziel mit Disziplin und Ausdauer. Dann kommt der Erfolg, und das macht richtig sexy. Lass dich nicht ablenken, gewöhne dir an, das

Ziel trotz Hindernissen zu verfolgen, bis du es erreicht hast. Und dann erkenne Dich an, feiere dich ab, und dann ... ab zum nächsten Ziel.

Wir Frauen dürfen mit unserer weiblichen Urkraft das Leben in Herzenswärme und Leichtigkeit leben.

Die weibliche Kraft steht vor allen Dingen für Erschaffen, Urvertrauen, Empfangen, Intuition, Hingabe und Loslassen, Gemeinschaft, Kreativität und Inspiration, Träumen, Genießen, Entspannen und Heilen.

Jedoch ist auch die männliche Seite in uns, genauso wie ein Mann die weibliche Seite auch leben darf.

Die männliche Kraft steht vor allen Dingen fürs Umsetzen, Entscheiden, Schützen, Handeln, den Verstand, das Kontrollieren, Fokussieren, Strukturieren, die Kraft und Macht.

In meiner Büroanstellung lebte ich überwiegend die männlichen Eigenschaften. Heute weiß ich, wie wichtig es ist, die beiden Energien zu vereinen. So lebe ich sowohl aus meiner Intuition als auch aus meinem Handeln heraus, ich kann Dinge umsetzen und auch Pausen wertvoll genießen. So entsteht dann das richtige Maß aus Kontrolle und Vertrauen. Genau so erschaffen wir ein Leben in Ausgeglichenheit, Leichtigkeit und Freude.

Wenn die feminine und die maskuline Energie aber aus dem Gleichgewicht kommen, kommt auch unser gesamtes Leben aus dem Gleichgewicht, und das ist die Ursache für die meisten unserer Probleme in unseren Beziehungen, unserer Gesundheit, unserer Karriere und in unseren Finanzen. Wie wäre es, wieder vollkommen in innerer zentrierter Balance, in deiner Basis und im Einklang mit dir und der Welt zu sein?

Kontrolle ist gut – Vertrauen ist besser!

Ein toller Lifestyle bedeutet für mich, nach meiner inneren Stimme zu handeln, maximal vier bis fünf Stunden pro Tag überall auf der Welt arbeiten zu können, wo ich möchte, und dass ich Geld ausgeben kann für Dinge, die mir so richtig wilden Spaß machen und mir neue Energie bringen – einfach wild, frech, frei und wunderbar im Hier und Jetzt leben, lieben, lachen und tanzen. Ich persönlich fühle mich schon immer wie eine leidenschaftlich sinnliche Latina, weil ich für mein Leben gerne tanze, egal ob Discofox, Latein, bayerisch oder Salsa, Bachata und Kizomba. Ich liebe heiße Rhythmen und tanze um die Welt auf Festivals und Partys. Von welchem Lifestyle träumst du? Was ist für dich Luxus?

Mach endlich Schluss mit der falschen Bescheidenheit, genieße dein Leben.

Wie kannst du dir das leisten, was du möchtest?

Eine wirkungsvolle, selbstbestimmte Arbeit mit Sinn erfüllt mich so viel mehr als eine langweilige Arbeit, die mir keinen Spaß macht. So weiß ich einfach, wofür ich täglich aufstehe und ich meine Fähigkeiten und Talente voll auslebe.

Vielleicht denkst du dir jetzt: Das möchte ich auch, wie kann ich mir das aufbauen, das mich so richtig erfüllt? Wie kann das funktionieren? Was ist das Richtige für mich?

Frage dich immer genau: Ist das wirklich das, was ich von Herzen gerne machen möchte?

Bei einem „JA" weißt du genau, was zu tun ist, und habe richtig Spaß dabei, das ist Prio Nr. 1. Sei dir deiner Emotionen bewusst, achte auf deine Gefühle und auf die hohe Energie dahinter.

Dann entscheide dich jetzt, offen zu sein für einen neuen Weg in deinem Leben, stelle dir bewusst gezielte Fragen, die dich täglich einen neuen Schritt weiterbringen. Backe erst einmal deinen Lieblingskuchen, und dann den der anderen. Auch wenn das Leben dich immer wieder testet, gib niemals auf.

Fang einfach mal an, in allem und jedem das Schöne zu sehen und dich auf das Schöne in deinem Leben zu fokussieren. Dann kannst du nach und nach immer weiter machen, und egal was passiert, immer das Geschenk dahinter sehen: Wer weiß, wofür es gut ist!

Hier habe ich auch lernen dürfen, wie kraftvoll Wertschätzung und innere tiefe Dankbarkeit sind, indem ich täglich mit bewusster Konzentration für all die Fülle und Liebe in meinem Leben dankbar bin.

Ja, und wenn du dich glücklich fühlst mit einem ständig positiv-heiteren Gemüt, freuen sich alle mit dir und du erhältst noch mehr davon – jedoch nur, wenn du dich wirklich aus tiefstem, glückseligem Gefühl freuen kannst.

Wenn dir etwas nicht so gefällt in deinem Leben, dann **love it, leave it or change it.**

Auch wenn du in deinem Leben gerade nicht so tolle Momente erlebst, dann entscheide dich für das, was wirklich zu dir passt. Lieber eine schnelle Problemlösung als eine langsame, die viel Zeit kostet. Die Zeit ist zu kostbar für irgendwann. Ich sage oft: „So jung wie heute kommen wir nicht mehr zusammen."

Trau dich, der Hauptdarsteller auf deiner Bühne zu sein

Wie wäre es, wenn du für eine Woche mit negativem Mimimi aufhörst und du deine Geschichte mit Happy End neu schreibst?

Stell dir vor, du bist als Powerfrau unterwegs beim Shoppen in einem luxuriösen Urlaubsort, und du entdeckst in einem großen Kaufhaus plötzlich eine ganz besondere, gut aussehende Frau. Dein erster Eindruck von ihr ist umwerfend, sie könnte ein bekannter Star sein. Sie ist dir gleich aufgefallen. Dieser außergewöhnliche Kleidungsstil, dieser extravagante Style und dieser charmante Blick. Als sie direkt auf dich zugeht, mit dem sexy Hüftschwung und dem selbstsicheren Gang, erkennst du ihr unwiderstehliches Lächeln. Du lächelst natürlich mutig zurück. Sie kommt dir gleich so vertraut und bekannt vor. Sie schiebt ganz lässig und cool ihre Sonnenbrille zur Nasenspitze und schaut dich ganz frech an. Plötzlich durchschießt es dich wie einen Blitz.

WOW, unglaublich– echt mega cool. Das bist ja du. Wirklich? Du bist diese unglaublich schöne, feminine Frau im Spiegel, die vor dir steht.

So kann es dir passieren, wenn du dich so annimmst, wie du bist. Und wenn etwas nicht passt, wird es eben passend gemacht. Du kannst so viel an dir, auch rein äußerlich, verändern. Wie wäre es, alle für dich überflüssigen Kuschelkilos wie bei einer Müllabfuhr loszulassen, um ein vielleicht lang ersehntes, individuelles Wohlfühlgewicht dauerhaft zu erreichen? Ich persönlich habe es mit ketogener und bewusster Ernährungsumstellung geschafft, mich so richtig wohlzufühlen. Lerne, was dir Energie gibt und Energie raubt. Immer wieder bestätigt sich, dass alle unveränderten, ungespritzten, sonnengereiften oder wurzelkräftigen Lebensmittel mit weniger als fünf Inhaltsstoffen direkt aus der Natur immer am allerbesten sind. Die hochwertigen Mikro- und Makro-Nährstoffe zusammen mit reinem Wasser haben sich schon immer bewährt. Wie wäre es danach mit einem neuen, heißen Outfit, einer neuen, frechen Frisur, einem tollen Make-up und den perfekt abgestimmten, kräftigen Farben, die die Persönlichkeit und die innere Schönheit noch mehr unterstreichen? Am wichtigsten ist natürlich die innere Einstellung für ein starkes, selbstsicheres Selbstbild und schönes Körperbewusstsein. Eine reine, wertschätzende Liebesbeziehung zu dir selbst, deinem Körper, deinem Geist und deiner Seele verändert auf mysteriöse Weise automatisch auch die Herzensbeziehungen zu deinen Mitmenschen. Die universellen Gesetze spielen hier eine wesentliche Rolle. Trau dich, das Allerbeste aus deinem Leben, deinem Körper und deinem Geist zu erschaffen, was du wirklich niemals für möglich gehalten hättest.

Bist du bereit?

Habe richtig Spaß am Leben und spiele das große Spiel

It's showtime, Baby! Ist es für dich normal, immer funktionieren zu müssen? Du wurdest anständig erzogen und hast dich in der Pubertät nicht so richtig getraut, dich auszutoben, oder vielleicht schon? Sicherlich, du hast einen Beruf erlernt, und schon einiges an Erfahrungen in deinem Leben gesammelt. Wir lernen so schnell durch Handeln für unser alltägliches Leben. Wir können so stolz auf uns sein. Klopfe dir jeden Tag selbst stolz auf deine Schulter, wie du es dir von deinen Eltern vielleicht ersehnt hast. Du bist so erfolgreich und hast schon so viel erreicht in deinem Leben. Wie erkennst du dich täglich an? Wie wäre es, wenn du heute klein anfängst und deinen allerersten Sieg feierst? Ein Beispiel ist, dass du es als einzige Samenzelle geschafft hast, in die Eizelle deiner Mutter durchzuschlüpfen. du hast es geschafft, auf die Welt zu kommen, vielleicht noch durch den natürlich engen Geburtskanal, durch tausendfaches Versagen endlich Stehen, Laufen und Rennen zu lernen. Was hast du noch alles erreicht in deinem Leben?

Ich weiß, wir sind eine ins menschliche System geborene Gesellschaft, und viele fühlen sich trotz allem fehl am Platz, nicht wahr- und angenommen, nicht gesehen, wertgeschätzt oder ungeliebt.

Du hast viel erlebt in deinem Leben und viel erfahren dürfen, egal ob es schmerzhaft war, prägend oder tief berührend. Egal, ob du in deiner Lebenssituation gewonnen hast oder es auf Anhieb nicht geklappt hat, du gehänselt oder gemobbt wurdest, mach trotzdem weiter und frage dich immer: „Was lerne ich daraus?" „Wie kann ich jetzt in dieser Situation den größtmöglichen Spaß haben, auch wenn es noch so sch***e ist?"

Fang einfach einmal an, in das Chaos zu springen, es zu ordnen und das Gute an der Sache zu suchen, das dir passiert ist. Es gibt in jeder Sache etwas Gutes, nur weiß man das vorher natürlich nicht. Auch wenn du denkst, das ist der schlimmste Tag in deinem Leben - „alles geht schief und ich bin ein Pechvogel."

Wer weiß, wofür es gut ist, lasse alles los und vertraue, weil du an dich glaubst, und frage dich: „Wie könnte es für mich funktionieren, damit ich mich gut dabei fühle und so sein kann, wie ich es mir vorstelle?"

Nach ein paar Monaten schaust du zurück und staunst, da es eigentlich doch wirklich ein Wendepunkt im Leben war. Es gibt immer Türen, die sich schließen und öffnen. So ist es eben im Leben, es will immer nur das Bestmögliche für dich. Meine Oma sagt immer: „Wirst du alt wie eine Kuh, lernst du immer wieder dazu! Das Leben ist wie eine Achterbahn, es geht immer auf und ab, ein Slalom links, rechts mit Looping, am wichtigsten ist jedoch der Schwung nach oben und das Vertrauen mit MEGA viel Spaß."

Wie wäre es, wenn du an deinem allerletzten Lebenstag hier auf Erden sagen wirst: „Das war das Beste und geilste Leben, was mir je passieren konnte auf dieser Welt!"

Was würdest du dann heute anders machen? Bist du bereit, die Verantwortung für dein Leben zu übernehmen, weil du beginnst, den Regisseur-Platz für deinen Lebensfilm einzunehmen und dein perfektes Leben voll begeistert und engagiert als Hauptdarsteller zusätzlich noch selbst in die Hand nimmst? Du hast auch richtig Spaß dabei, weil du weißt, wie du mit Leichtigkeit die angeborenen Werkzeuge, mitgebrachten Talente und Fähigkeiten spielerisch in Szene setzen kannst.

Kreiere dir deine Divine Beauty Power
(göttliche Schönheitskraft)

Wenn du dich morgens beobachtest, was dein erster Gedanke beim Öffnen der Augen ist, hast du die erste Erkenntnis schon gewonnen, wie wertvoll du dich fühlst - oder auch nicht. Wenn es schwere selbstverletzende Gedanken sind voller Ohnmacht, wie zum Beispiel: „Ich will wieder ins Bett und nicht aufstehen", oder Selbstzweifel wie „ich schaffe diesen Tag nicht, er wird wieder so erniedrigend oder schmerzend", dann hängst du täglich in Mangelenergie fest, die dich und alles andere ausbremst.

Wir Menschen sind Meister im Erstellen von negativen Geschichten, Erwartungen, Be- und Verurteilungen, Hindernissen, Glaubenssätzen, Konstrukten, Blockaden und vielem mehr.

Ich kann das so fühlen, ich kann dich sehen, weil ich mir auch immer und alles so schlechtgeredet habe, es ist eine Gewohnheit, die ganz tief im Unterbewusstsein verankert ist. Wir Menschen haben es nie richtig gelernt, unsere göttlichen Super- und Schöpferkräfte, unsere eigene urweibliche Kraft aus der Natur richtig anzunehmen. Wer hätte es uns denn auch lernen sollen in der Schule? Erst, als ich mich spirituell öffnete, meinem Herzen und meiner inneren Stimme folgte und diverse Energetiker-Kurse, Seminare und Ausbildungen absolviert hatte, lernte ich die magischen Werkzeuge und all die verstaubten Schätze aus meiner Schatzkammer zu befreien, damit sie wieder funkeln und strahlen konnten. Sie unterstützen mich täglich im Leben, weil ich es gelernt habe, sie anzuwenden. Dafür bin ich so dankbar.

Oh ja, Dankbarkeit ist der Schlüssel zu allem und hilft immer weiter.

Ich nehme an, du lebst genauso wie ich in Deutschland, einer funktionierenden Dachregion auf hohem Niveau, und wir haben täglich frisches Wasser, Essen, ein warmes Dach über dem Kopf, Elektrizität, Arbeit und Internet.

Davon können 80 % der Menschen auf der Welt nur träumen. Ich bin mir sicher, dass Milliarden von Menschen gerne auch so luxuriös und schön leben möchten wie du und ich. Die Gesundheit spielt hier auch eine große Rolle, sodass wir täglich dankbar sein dürfen. Die meisten haben noch funktionierende Gliedmaßen, wie zwei Beine, die ein Leben lang einen Menschen im Durchschnitt mindestens viermal um die Erdkugel tragen. Manche haben tatsächlich keine Beine mehr, auch ohne Augen können wir die Schönheit der Welt nicht mehr sehen. Sei dankbar für alles, was du hast.

Wir leben in einer Welt der Fülle und Schönheit. Es gibt in Fülle Luft zum Atmen, Bäume und Blätter, Wiesen, Blumen, Kräuter, Grashalme und Wasser, wie das Meer. Es ist alles da, wenn du deinen Fokus auf Schönheit und Fülle legst.

Wenn du dich für den Mangel entscheidest, ziehst du automatisch Mangel-Situationen an.

Schreibe täglich mindestens zehn Dinge auf, für die du dankbar bist, und fokussiere dich auf die schönen Seiten voller Fülle. Sieh die Chancen und Möglichkeiten in deinem Leben, die du hast. Wenn du einen Traumkörper haben willst, deine Lebensvision umsetzen willst oder deine Schönheit mit Farben oder schönen Momenten besser zur Geltung bringen möchtest oder eine wertschätzende Beziehung zu dir selbst und zu Menschen aufbauen möchtest, dann zieh deine Ziele durch. Das ist das größte Geschenk, das du dir selbst machen kannst, wenn du glücklich bist. Du kannst jeden Fortschritt in ein Dankbarkeits- und Erfolgs-Buch notieren und es jederzeit in schlechten Zeiten zur Motivation nachlesen.

Das Gleiche gilt für Anerkennung. Immer wieder merke ich, wie Menschen nach Anerkennung im Außen ächzen, weil sie sich selbst nicht lieben und wertschätzen. Auch ich habe mir selbst nie die Liebe gegeben, die ich mir von meinen Partnern und Freunden immer gewünscht habe. Seitdem ich an meinem Selbstwert täglich arbeite, wurde ich in kurzer Zeit viel selbstbewusster und mutiger. Somit hatte ich schnell ein starkes Selbstbild und ein schönes Körperbewusstsein, wenn ich in den Spiegel sah.

Wie fühlst du dich, wenn du dich nackt im Spiegel betrachtest?

Wie wäre es, wenn du alles erreichen könntest, was du dir wünschst? Es darf auch unanständig viel sein, denn du darfst dir mehr erlauben und auch mehr verlangen vom Leben, als du es dir je für möglich erträumt hättest. Es geht nur, wenn du bereit bist, deine Komfortzone zu verlassen und etwas ganz Neues ausprobierst.

Was wünschst du dir tief im Herzen?

Hast du Angst, in dich, deine Gesundheit und Schönheit zu investieren? Das Geben ist genauso wichtig wie das Nehmen.

Was würden ein paar Tage Luxus mit dir machen? Erlaube dir einen heißen Lifestyle. Investiere jeden Tag in dich, auch wenn es nur eine Kleinigkeit ist, wie eine schöne Blume oder ein Kleidungsstück. Stell dir vor, du bist ein Star und gehst auf dem roten Teppich, schaust elegant und einfach nur glamourös perfekt gestylt aus. Da würdest du sicherlich davor auch in DICH investieren, wie du selbstsicher und selbstbewusst auftreten kannst, mit einem heißen, unwiderstehlichen Outfit, einem charismatischem, natürlichem Make-up, einem perfektem Know-how und einem Lifestyle. Das bringt dir einfach allein schon sehr viel Ausstrahlung und Power, wenn du daran denkst.

Investiere dann immer mehr, erlaube es dir, weil du es verstanden hast, von Herzen zu geben und anzunehmen. Somit fängt dein Leben an, in Fülle zu fließen. Schluss mit der falschen Bescheidenheit – genieße dein Leben im Hier und Jetzt – sei grenzenlos weiblich als Frau, wild, frech, frei und wunderbar – lebe, liebe, lache und tanze. (Mehr dazu auch in meiner Facebook-Gruppe „reine Liebe" – komm einfach dazu)

Frage dich stets: „Wen, wie und was willst du genau erlebt, geliebt und gelernt haben? Was wärst du bereit, loszulassen, um dein Ziel zu erreichen?

Wie findest du deine Herzenswünsche?

Wir sind hier auf der Erde, um Erfahrungen zu machen, weil wir lernen, uns zu entfalten. Der Lebenssinn, der Zweck der Existenz ist ein großer Teil davon, wie wir uns gegenseitig unterstützen können. Im Grunde genommen handelt es sich immer um ein Spiel von Geben und Nehmen.

Das ganze Universum unterstützt dich immer, deine Wünsche und Ziele zu erreichen. Die erste Entscheidung nach jeder Intuition oder eines Impulses ist immer die richtige. Frage dich ständig: Was kann ich tun, um heute meinen Herzenswünschen näherzukommen? Wie kann ich die bestmögliche Freude empfangen, die mein Herz vollkommen erfüllt? Ist es wirklich das, was ich von Herzen gerne mache?

Dein Herz weiß immer sofort, was du willst! Und dann handle, wenn ein JA kommt. Wisse voller Begeisterung und Vertrauen, dass es richtig cool wird, denn du spürst bereits die Vorfreude und die Aufregung in dir.

Wenn du natürlich die Geschenke und Chancen am Tag nicht annimmst und entsprechend nicht handelst, weil der Kopf sagt: „Boah, das ist viel zu anstrengend, das kann ich mir nicht leisten. Ich warte lieber, irgendwann oder nächstes Jahr ist es bestimmt besser", dann wirst du es nie wissen, ob es das Richtige für dich ist.

Die erste Entscheidung, die hochkommt, ist immer richtig. Erst, wenn es so richtig kribbelt im Bauch, ist es perfekt. Deine Ziele sind noch viel zu klein, wenn es sich für dich noch nicht atemberaubend impulsiv und unanständig groß anfühlt. Dann schraube sie noch höher.

Meine Vision ist es, Menschen nachhaltig darin zu unterstützen, eine gesunde und wertschätzende Beziehung zu sich selbst zu entwickeln und in ihre Schöpferkraft zu kommen. Dabei genieße ich als Millionärin mein Leben auf allen Ebenen vollkommen, weil ich mein Paradies auf Erden täglich neu entdecke.

Der magische Turbo zum Paradies

Fokussiere dich auf deine innere Welt. Deine innere Welt erschafft immer deine äußere Welt. Entscheide dich bewusst, welche Gedanken du heute bewusst stärken möchtest. Erschaffe dir ein kraftvolles „Ich bin …", das dich innerlich stärkt und trägt. Was auch immer du im Außen erschaffen möchtest, beginnt mit dem Wachstum in deiner inneren Welt. Nimm dir regelmäßig Zeit für dich.

Beginne deinen Tag mit Dankbarkeit und fahre deine Lebensenergie hoch. Bevor du etwas Anderes beginnst, nimm dir am Morgen Zeit, dich mit deinem Herzen und all der Fülle in deinem Leben zu verbinden. Fühle bewusst, was alles bereits in deinem Leben ist, zum Beispiel Gesundheit, Familie und deine Freunde, dein Job, die Natur mit all ihren Wundern, die Tatsache, dass du aufgewacht bist und ein neuer wunderbarer Tag auf dich wartet.

Dankbarkeit ist die Energie, die immer noch mehr Gutes in dein Leben tragen wird. Wenn du gleich am Morgen in die Dankbarkeit gehst, denkst du nicht an all die Sorgen und all das, was an diesem Tag schiefgehen könnte.

Erlebe deine Ziele bereits jetzt. Schreibe deine Ziele so auf, als wären sie bereits Realität. Verbinde dich regelmäßig mit dem Gefühl, dass deine Wünsche und Ziele bereits erfüllt sind und handle aus dieser Sicherheit heraus. Erinnere dich täglich an deine unendliche, schöpferische Kraft. Setze dir eine Intention: Alles in diesem Universum basiert auf dem Gesetz von Ursache und Wirkung. Setze dir jeden Morgen eine Intention für die Energie, die du gerne in deinen Tag bringen möchtest. Erneuere deine Intention bei jeder neuen Tätigkeit und erschaffe sie aus der Energie heraus, die du als Wirkung in deinem Leben erfahren möchtest. Denke daran, du bekommst nicht das, was du willst, sondern das, was du bist.

Hoffe nicht darauf, dass deine Wünsche sich erfüllen, sondern werde dir darüber bewusst, dass du selbst deine Wünsche erschaffen kannst. Entfalte deine eigene Manifestationskraft und baue alle inneren Blockaden ab, die dich daran zweifeln lassen, dass du bis in die kleinste Zelle deines Körpers schöpferisch bist. Finde immer wieder den Weg zurück zu deinem Herzen und dem Wissen in dir, dass du nicht machtlos bist. Ganz im Gegenteil: Du hast so viel mehr Power, als du ahnst. Tägliche Inspirationen und Übungen zur Stärkung deiner Manifestationskraft findest du in meinem Newsletter und im Mitgliederbereich.

Vergib schnell und lass los, was dich beschwert. Das größte Geschenk, das du deinem Herzen machen kannst, ist, ihm zu erlauben, zu vergeben. Dein Herz weiß, dass Vergebung deine Heilung und deine ganze Selbstwirksamkeit ermöglicht. Vergebung hilft dir dabei, all den alten Schmerz in der Vergangenheit ruhen zu lassen und im Hier und Jetzt emotional frei zu sein. Zu vergeben bedeutet, sich dafür zu entscheiden, nicht länger darunter zu leiden und sich selbst zu erlauben, wieder glücklich zu sein – egal, was war. Mache deine eigene Heilung zu deinem Lebensweg. Brauchst du jemanden, der dich dabei liebevoll an die Hand nimmt und begleitet? In meinem Kurs „REINE LIE-

BESKRAFT" beschäftigen wir uns ausführlich mit dem Thema „Loslassen zum Glücklich sein", um dich zu deiner vollen Herzenspower zurückzuführen.

Liebe deine Schattenseiten genauso wie deine Lichtanteile. Wir verlieren so viel Energie dadurch, dass wir gegen uns selbst kämpfen. Bist du auch davon überzeugt, dass gewisse Anteile von dir nicht liebenswert sind? Die Liebe in dir liebt alles an dir. Es gibt nichts, wogegen du kämpfen müsstest. Wenn wir unseren persönlichen und spirituellen Weg gehen und herausfinden, wer wir wirklich sind und danach leben, gehört die Schattenseite genauso dazu wie die Lichtseite. Es ist das universelle Gesetz der Polarität, das besagt, dass es zu allem zwei Seiten gibt. Deine Aufgabe ist es zu lernen, dich selbst zu ehren und zu lieben, als genau der Mensch, der du bist – mit beiden Seiten.

Liebe, anstatt zu verurteilen. Unser Ego ist sehr schnell darin, uns selbst und auch andere zu verurteilen und abzuwerten. Wir beginnen, in Richtig und Falsch, gut und schlecht zu kategorisieren und verpassen dabei die Möglichkeit, tiefer schauen zu können und uns selbst wahrhaftig zu erfahren. Mache es zu deiner spirituellen Routine, dich zu verbinden anstatt zu verurteilen. Verbinde dich immer wieder mit dem Mitgefühl und der Liebe in dir und deiner tiefen inneren Weisheit darüber, dass es kein Richtig oder Falsch gibt, sondern nur Erfahrung und Entfaltung.

Konzentriere dich darauf, was du der Welt geben kannst. Wir lernen sehr früh, dass es vor allen darum geht, etwas zu bekommen. Was ist aber, wenn es eigentlich darum geht, was wir geben und beitragen können? Frage dich: Wie kann ich heute der Welt am besten dienen? Was kann ich beitragen? Wen kann ich unterstützen? Du wirst rasch einen inneren Shift feststellen, der dich mit deinem Geschenk für die Welt verbindet und dich aus dir heraus erfüllt sein lässt.

Bewege deinen Körper. Dein Körper ist der Wohlfühltempel deiner Seele. Er ist ein Wunder von Kopf bis Fuß. Umso mehr Energie dein Körper hat, desto mehr Energie steht dir auch zur Verfügung, dein Leben zu erschaffen und kraftvolle Entscheidungen zu treffen. Mache dir Gesundheit und die Energie deines Körpers zur Priorität. Auch mental und emotional wird es dir viel besser gehen, wenn es deinem Körper richtig gut geht. Nutze dabei gerne die Natur als Hilfsmittel, zum Beispiel in Form von langen Waldspaziergängen.

Hab Freude ist Priorität Nr. 1! Der schönste und spirituelle Ausdruck deines Seins ist deine Lebensfreude. Du bist hier, um dich selbst zu erfahren und dieses Leben vollkommen zu spüren. Du selbst bist für die Freude in deinem Leben zuständig. Du wählst in jedem Moment neu, wie viel Freude durch dich zum Ausdruck gebracht werden darf. Hab keine Angst davor, die Welt um dich herum durch deine Positivität zum Strahlen zu bringen. Genau dafür bist du hier!

Mache es dir zu deiner Gewohnheit und erschaffe dir ein sonniges Paradies in deinem Universum – mit allem, was dazugehört, um mutig und glücklich zu sein.

Ein liebevolles Date mit deinem Herzen

Das Allerallerbeste, was dir in deinem Leben passieren kann, ist zu sehen, was eigentlich alles in dir schlummert.

Bist du bereit für ein Leben ohne Handbremse? Hast du Lust, deine vollen PS auf die Straße zu bringen für ein erfülltes, inspirierendes Leben?

Dann hol dir jetzt noch dein kostenfreies Online-Intensiv-Coaching mit mir in einem Herzgespräch. Folge einfach diesem Link: https://karin-prem.com/

Ich freue mich, von dir zu lesen und dich persönlich kennenzulernen. Besuche mich auch in meiner Facebookgruppe, mehr dazu findest du auf der Folgeseite.

So, das war es von mir fürs Erste. Ich hoffe, du nimmst viel Inspiration aus diesem Abschnitt mit, und ich wünsche dir viel Spaß, Freude und Erfolg, während du deine Herzensträume Wirklichkeit werden lässt! Auf der nächsten Seite habe ich noch einen Tipp für dich, wie ich dich dabei unterstützen kann.

Aloha Sunshine

In Liebe,

Deine Karin

P. S.

Aloha Sunshine!

Träumst du von einem gesunden, spaßvollen Leben, in dem DU der Mittelpunkt bist - du strahlend leicht dein Leben genießt ohne Mangelenergie, Druck oder Widerstand?

Möchtest du als Powerfrau selbstbestimmt und -bewusst lange lebendig, jung und attraktiv sein - dich in deinem Körper, Geist und deiner Seele - einer schönen, reinen straffen Haut - so richtig wohlfühlen, ohne jegliche Hemmungen?

Möchtest du dich frei fühlen – all das Übergewicht, Ballast, Masken und Schutzmauern, die dich nur einengend begrenzen, fallen lassen?

Möchtest du voller Selbstvertrauen sicher im Leben alle Ziele erreichen, deinen Lebenssinn mit all den wilden, atemberaubenden Bedürfnissen voll ausleben?

Möchtest du die ureigene weibliche Kraft, dein volles Potenzial endlich entdecken, entfalten und ausschöpfen?

Möchtest du allen Beziehungen voller Liebe, Respekt und Wertschätzung begegnen?

Hast du das Gefühl, in dir steckt noch so viel mehr - eine riesige Schatzkammer voller Diamanten- die du gerne öffnen möchtest, und du weißt nicht, wie?

Wenn deine Antworten „JA!" sind, dann schau gerne in meiner kostenfreien Community vorbei:

https://www.facebook.com/groups/reineliebe

Hier und auf meinem Telegram-Kanal https://t.me/karinprem gebe ich dir kostenlose Coaching-Tipps rund um die Themen reine Lebenskraft, Selbstliebe, Selbstachtung und Potenzialentfaltung. Mit täglichen Inputs, Denkanstößen, regelmäßigen Lives und kostenfreien Workshops zeige ich dir, wie ich es geschafft habe - Schritt für Schritt aus meiner reinen Essenz heraus - mir ein erfülltes Leben voller Liebe, Leichtigkeit und Spaß aufzubauen.

Ich ermächtige Dich zu einem absolut neuen Bewusstsein, sodass du dich ein Leben lang fit, gesund, lebendig jung, attraktiv und liebenswert fühlst.

Auf einen tollen Austausch, mit vielen Aha-Momenten, damit deine vollen PS auf die Straße kommen, um grenzenlos selbstbewusst weiblich zu sein.

In Love, Karin Prem

P. P. S.

Mein Geschenk an dich: ein 45-minütiges Herz-Gespräch. Ich freu mich, dich persönlich kennenzulernen. Hier sprechen wir über all deine Bedürfnisse und Wünsche, und was du dafür tun kannst, um sie schnell zu erreichen.

Das kostenlose Herz-zu-Herz-Gespräch ist für dich perfekt, wenn:

Du das Beste aus dir herausholen willst, deine Selbstheilungskräfte stärken, deinen Körper formen und deine Ernährung optimieren willst.

Du vollkommen im Reinen mit dir, deiner Persönlichkeit, deinen Mitmenschen und Ahnen sein willst.

Du dein wahres ICH, deine wahre Schönheit annehmen und voller Hingabe sichtbar entfachen willst.

Du authentisch, energie- und freudvoll mit einem gesunden Selbstwertgefühl im Hier und Jetzt leben, lieben, lachen, tanzen willst.

Schreib mir gerne – ich freue mich auf dich!

Karin Prem hat sich durch ihre jahrzehntelange Berufserfahrung in der ärztlichen Wirtschaftsprüfung und in Kliniken bereits seit 2005 intensiv für die ganzheitliche Prävention und Gesundheitsförderung spezialisiert. Sie qualifizierte sich zusätzlich als ärztlich geprüfte Hautpflege-Fachkosmetikerin und in diversen Bereichen wie Gesundheit, Schönheit und Zellverjüngung. Insbesondere ist ihr die innere und äußere, magnetisch anziehende Ausstrahlung sowie die Aktivierung der eigenen Selbstheilungskräfte ein großes Anliegen, Frauen zu ihrer eigenen kraftvollen Essence - ihrer liebevollen Herzenergie - zu bringen.

Sie ist glückliche Ehefrau von einem wunderbaren Traummann und mit Herzensmenschen, Tieren und der Kraft der Natur sehr verbunden.

Ihre umfangreichen Schönheits-, Verjüngungs- und Erfolgsprogramme, wie zum Beispiel die „Divine Beauty Power" oder das „BeautyMind-WOW-Effekt-Angebot", richten sich insbesondere an Herzensfrauen, die mehr wollen im Leben, die somit erfolgreich, selbstbestimmt und selbstbewusst ihr Leben eigenverantwortlich in die Hand nehmen.

Ihre Schwerpunkte sind „möglichst lange frisch und vital, schön attraktiv und lebendig jung" zu bleiben, trotz jährlich neu dazugewonnener Jahre und Weisheiten. Auch die Stärke der reinen Selbstliebe und des Selbstbewusstseins, das Lösen emotionaler Blockaden und festsitzende Konflikte sind ein großes Thema darin. Einfach die äußere Schönheit optimal mit kleinen Extras zu verändern und verjüngen, das führt schon sehr häufig zu einem tiefen inneren und äußeren Wohlgefühl.

Mit der Divine Beauty Power (göttliche Schönheitskraft) gehen Körper, Geist und Seele gleichschwingend auf Erfolgskurs. Das Ergebnis sind starke, kraftvolle, strahlende Frauen, die aufstehen für sich, für ihre Träume und die Welt bewegen.

Karin Prem ermächtigt besonders Frauen darin, stärker, schöner und selbstsicher zu sein. Stärker im Glauben an sich selbst. Schöner im eigenen Selbstbild und Körperbewusstsein. Selbstsicher im eigenen Wirken, hier auf dieser Welt.

Wohlfühl BASIS
Schönheit | Gesundheit | Verjüngung | Business

Was steckt eigentlich in dir?

Manchmal braucht es eben einen Paukenschlag ...

Mirjam Saeger

„Herzlich willkommen! Willkommen zu diesem Seminar, in dem es um deine Sichtbarkeit, dein Vorankommen, dein Sein, deine Persönlichkeit und vor allem darum geht, wie du all das nach außen tragen kannst."

So oder so ähnlich fangen heute viele Seminare an. Egal ob on- oder offline, günstig oder hochpreisig, mit oder ohne Feuerlauf. Persönlichkeits- und Businessseminare boomen. Aus meiner Sicht mit absoluter Berechtigung. Irgendwann entdecken die meisten von uns, manche früher, manche später, dass da noch mehr ist als das, was uns von Schule, Umfeld und Gesellschaft beigebracht wurde. Mehr als Formeln, Grammatikregeln und die Hauptstädte der Welt. Mehr als still sitzen, zuhören und Anweisungen zu befolgen, wie sinnvoll auch immer sie sein mögen, zuerst von den Eltern, dann den Lehrern und später den Vorgesetzten. Kreatives Denken wird in unserem Bildungssystem meist nicht gefördert, stattdessen werden wir auf das System vorbereitet. Wir sollen funktionieren, brav arbeiten, konsumieren und unsere Steuern zahlen. So läuft es nun mal, und viele Jahre läuft es bei den meisten von uns auch gut so.

Bis, ja bis dieser eine Moment kommt. Bei manchen früher, bei manchen eben später. Dieser eine Moment, der alles verändern kann. Ein Moment, in dem du erkennst, dass du so viel mehr bist und sein kannst als das, was dir eingetrichtert wurde. Dass du ein „Human being" bist und kein „Human doing."

Dieser Moment läuft mehr oder weniger dramatisch ab. Oftmals mag ein Zitat, eine Inspiration oder ein Regenbogen ausreichen, um ihn auszulösen, manchmal ist es aber eher ein Burn-out oder ein spontaner „Besuch" Im Krankenhaus, der dazu führt, dass folgende Fragen aufkommen:

Soll es das schon gewesen sein? Möchte ich die kommenden dreißig Jahre noch so weitermachen? Ist das noch ein Leben?

Und los geht es. Der heilige Gral der Persönlichkeitsentwicklung schimmert golden am Ende des Tunnels. Neben, ich nenne sie mal vorsichtig „radikalen" Seminaren, bei denen wir über glühende Kohlen laufen, laut schreien, stundenlang weinen und lachen oder auch nackt auf einer Bühne stehen sollen, um zu entdecken, wer wir wirklich sind, gibt es auch zahlreiche Seminare, die deutlich sanfter mit uns umgehen. Sie geben uns Inspirationen, machen uns neugierig, verändern uns und zeigen uns neue Wege auf. Genau so wie auch die Autorinnen in diesem Buch machen sie Hoffnung. Hoffnung auf ein anderes, ein besseres, authentischeres Leben, das, so zumindest meine Erfahrung, viele Menschen sich wünschen, genauso wie ich auch noch vor einigen Jahren.

Lange Jahre war ich angestellt und habe genau so funktioniert, wie die Gesellschaft es verlangt. Nach der Schule folgten Ausbildung und Job, Fortbildungen, Hochzeit, Eigenheim, Kinder, Teilzeitjob und Stress. Ich erinnere mich noch gut an meine Horror-Stunden des Tages. Morgens machte ich meine Kinder und mich fertig für den Tag. Meine Kinder brachte ich in die Kita oder zur Tagesmutter, um danach selbst in das Unternehmen zu fahren, in dem ich damals arbeitete. Erst in der letzten Minute zog ich mich morgens fertig an, um nicht zu riskieren, dass mir eines der Kinder Nutella über die Bluse schmierte oder meinen Blazer vollkotzte. Nachdem beide Kinder gut untergebracht waren, fuhr ich mit 120 km/h über die Bundesstraße, um halbwegs pünktlich im Unternehmen zu sein. Dort gab ich ebenfalls Vollgas, bis ich gegen halb eins den Hörer fallen lassen musste, um wieder pünktlich meine Kinder abzuholen, denn jede Minute Verspätung wurde seitens der Kita mit Stirnrunzeln bedacht.

Zu Hause stand ich dann meist vor dem Herd, zwei hungrige Kinder um mich herum schwänzelnd, die unbedingt auch noch von ihrem Vormittag berichten wollten, während ich am liebsten meditativ meine Bolognese-Soße umgerührt hätte. Verstehe mich nicht falsch, ich liebe meine Kinder heiß und innig, doch diese Stunden, nein diese Hektik, zerrte an meinen Nerven. Nach einer kurzen Mittags-Verschnaufpause, zumindest solange die Kinder noch Mittagsschlaf hielten, war der Nachmittag dann gefüllt mit Basteln, Malen, Kinder Hin- und Herfahren und darauf warten, dass die Voltigierstunde oder das Fußballtraining vorbeiging.

Heute erkenne ich, dass ich mir damals sämtlichen Stress selbst gemacht habe. Ich wollte immer alles: Einen guten Job, eine gute Mutter und Ehefrau sein und noch einen top-gepflegten Garten sowie gebügelte Wäsche. Das, was ich unter „gut" verstand, ging allerdings eher in Richtung „zu gut". Schließlich hätten die Kinder genauso gut in der Kita essen können und wären dort gut versorgt gewesen, und ein Pulli statt einer Bluse hätte es wohl im Büro auch getan. Doch nein, ich wollte ALLES, und das sofort und perfekt, genauso wie im Queen-Song: „I want it all and I want it now".

Solange, bis das Leben mir den *einen* Moment der Erkenntnis bescherte. Ich weiß es noch wie heute: Eines Abends, die Kinder waren schon im Bett, saß ich mit meinem Mann vor dem Fernseher, um mich berieseln zu lassen. Wir hatten uns einen Salat bestellt und ich fing gerade an, zu essen, als mir plötzlich der Bissen im Hals stecken blieb, mir Schweiß ausbrach und mein Herz auf einmal klopfte wie verrückt. Ich zitterte, bekam keine Luft mehr und ein Schraubstock zog sich fest um meinen Brustkorb. Jetzt war es so weit! Mir war klar, ich würde sterben. Ich weinte, schnappte nach Luft und fühlte mich, als ob meine letzte Stunde geschlagen hätte. Mein Mann packte mich ein und fuhr mit mir ins Krankenhaus, wo ich mit der Diagnose „Panikattacke" und ein paar Tabletten wieder entlassen wurde.

Panikattacken? Davon hatte ich noch nie etwas gehört. Ein Arzt erklärte mir einige Tage später, was es damit auf sich hatte, schrieb mich eine Woche krank und empfahl mir einige Tabletten, und das war es dann. Mit meiner Angst vor der Angst wurde ich alleingelassen und ich lernte, damit zu leben, mal mehr und mal weniger erfolgreich. Glücklicherweise war mein Sohn bei einer Heilpraktikerin in Behandlung, der ich von meiner Not erzählte, und sie konnte mir mit EFT eine sehr wirkungsvolle Technik an die Hand geben, mit der ich meine Panikattacken schließlich und endlich in den Griff bekam. Doch ein Schuss vor den Bug schien nicht auszureichen.

Erneut ließ ich mich in einen Strudel aus Alltag und Funktionieren, gekrönt von meinen Ansprüchen, ziehen. Das hört sich jetzt wahrscheinlich dramatischer an, als es ist. Ich genoss die Zeit mit meinen Kindern sehr, arbeitete gerne und hatte Spaß daran, gemeinsam mit meinem Mann in unserem Garten herumzuwerkeln. Wir verbrachten wunderschöne Urlaube und freuten uns darüber, unsere Kinder auf ihrem Weg durch Kindergarten und Grundschule bis hin zur weiterführenden Schule zu begleiten. Trotzdem, etwas nagte an mir. Ein Wunsch. Der Wunsch nach mehr Freiheit und Selbstbestimmung. Der Wunsch, beruflich noch mal etwas anderes zu machen und einen alten, bislang vergrabenen Traum zu leben. Dieser Wunsch gärte in mir. Viele Jahre, solange, bis ich eines Tages entschied, nicht mehr mitzumachen. Der Auslöser dafür war der banale Spruch: Love it, change it or leave it.

Love it?

Liebte ich meinen Alltag? Teile davon ja, aber nicht alles, nein.

Change it?

Konnte ich es ändern? Definitiv, doch wie?

Leave it?

War das der Weg? Auszubrechen aus dem Hamsterrad? Einfach alles hinzuwerfen? Neu anzufangen?

Alles in mir schrie JA! - Aber wie?

Selbstverständlich wollte ich nicht ALLES hinwerfen, doch ein Anfang war, meinen Teilzeitjob in einem mittelständischen Unternehmen nach mehr als 20 Jahren Betriebszugehörigkeit endlich zu kündigen und mich selbstständig zu machen. Die Entscheidung hierfür zu treffen, fiel mir nicht leicht. 20 Jahre schiebt man nicht einfach so beiseite. Doch es war aus meiner Sicht die einzige Chance, zu entdecken, was noch in mir steckte.

Gesagt, getan, ich kündigte also und meinen langjährigen Kolleginnen fiel alles aus dem Gesicht. „Ernsthaft? Du gehst? Das hätte ich im Leben nicht gedacht." Als ich meine Kündigung abgab, zitterte ich am ganzen Körper und mir brach der Schweiß aus allen Poren. *Bist du sicher? Überleg es dir noch mal! Du hast hier einen tollen Job, nette Kollegen und wirst anständig bezahlt. Das willst du alles hinschmeißen?* Das Teufelchen auf meiner Schulter brüllte mir ins Ohr. Doch ich zog es durch, und schon einige Wochen später saß ich in meinem neu eingerichteten Homeoffice, bereit, zu neuen Ufern aufzubrechen.

Ich fing wie eine Wilde an, zu netzwerken, besuchte Fortbildungsveranstaltungen, und durch eine Bekannte hatte ich recht schnell meinen ersten Job als „virtuelle Assistenz" in der Tasche. Es fühlte sich großartig an, den unterschriebenen Dienstleistungs-Vertrag in den Händen zu halten. Ich kalkulierte, wie viele Stunden ich pro Woche arbeiten müsste, um netto in etwa das zu bekommen, was ich als Angestellte verdient hatte. Schon die Krankenkassenbeiträge, die ich ab sofort als Selbstständige zahlen musste, trieben mir allerdings die Tränen in die Augen. Weiter ging es mit Neuanschaffungen, ein Rechner, ein Telefon und Software mussten her, dabei hatte ich noch keinen Euro verdient!

Ich startete also mit meiner Tätigkeit bei einem Kunden, akquirierte fleißig nebenher, netzwerkte und manchmal saß ich abends vor dem Rechner und wusste nicht mehr, wie ich meine To-do-Liste noch abarbeiten sollte und auch, wie die Rechnungen, die mit unverminderter Frequenz ins Haus flatterten, bezahlen sollte. Statt mehr Freiheit und Freizeit hatte ich mein Angestellten-Hamsterrad gegen ein selbiges als Selbstständige ausgetauscht, und zudem kam auch nicht automatisch jeden Monat Geld auf mein Konto.

Doch jammern nutzte nicht. Ich hatte es so gewollt und ich zog durch, arbeitete dreimal so viel wie als Angestellte und hatte trotzdem netto weniger raus als vorher. Glücklicherweise unterstützte mein Mann mich die ganze Zeit, sowohl finanziell als auch moralisch, doch oft genug erwischte ich mich, wie ich mir die Stellenanzeigen in der Zeitung durchlas. So hatte ich das nicht geplant. Auf Social Media sehen die Selbstständigen alle glücklich aus und posieren lächelnd mit einer Louis-Vuitton-Tasche vor ihrer Jacht. Das war das Bild, das ich haben wollte! Nicht das mit der Jogginghose nachts um eins vor dem Rechner. Irgendwas war schiefgelaufen.

So hätte es weiter und weiter laufen können und ich denke, wenn ich so weitergemacht hätte, säße ich heute nicht hier an meinem Rechner an meinem schönen Arbeitsplatz und würde auf meinen Gartenteich vor dem Fenster schauen. Meine Kinder sind in der Schule, mein Mann arbeitet im Nebenbüro und gleich, wenn ich diesen Beitrag fertig geschrieben habe, habe ich einen Friseurtermin. Mein Business läuft nun seit etwa eineinhalb Jahren wunderbar. Meine Wunschkunden kommen von selbst auf mich zu, ich halte Vorträge und berate Expertinnen und Experten bei Veranstaltungen namhafter Speaker, schreibe als Ghostwriter Bücher von großartigen Persönlichkeiten, darf andere als Autorencoach beim Schreiben begleiten und kann vielen Menschen in meinen Workshops und Mentorings eine Inspiration sein. Immer noch arbeite ich viel, doch meine Arbeit macht mir Spaß und ich ziehe die Handbremse, wenn ich merke, dass es zu viel wird.

Was ist passiert?

Nun, ich habe erkannt, dass *love it, change it or leave it* nicht nur im Großen funktioniert, sondern sehr wohl auch im Kleinen, Alltäglichen. In den vielen tausend Dingen, die wir täglich tun, ohne großartig zu reflektieren. In den Zeit- und Energieräubern, die unser Alltag, egal ob im Bereich Familie oder Job, mit sich bringt. Merke ich, dass es mal wieder „zu viel" wird, analysiere ich deshalb meinen Alltag: Liebe ich es? Kann ich es ändern? Muss ich es überhaupt machen oder kann ich es sein lassen? *Love it, change it or leave it* ist seitdem ein Motto, das mich Tag für Tag begleitet.

Morgens Sport? Liebst du es? Falls ja, dann behalte es bei. Merkst du, es nervt dich, dann versuche doch einfach deine Sporteinheit auf den Abend zu verlegen. Vielleicht ist es auch die falsche Sportart? Sitzt du beispielsweise auf dem Hometrainer und möchtest lieber in die Natur? Dann kauf dir ein Fahrrad oder geh spazieren.

Mittags kochen? Liebst du es? Falls ja, dann zaubere achtsam die schönsten Köstlichkeiten und erfreue dich daran, andere kulinarisch zu verwöhnen. Falls nicht: Was kannst du ändern? Essen musst du, aber kochen musst du nicht unbedingt nur mittags. Vielleicht magst du abends in Ruhe vorkochen oder dir Unterstützung holen, beispielsweise durch eine Haushaltshilfe. Und es ist auch kein Drama, ab und zu eine Dose Ravioli zu öffnen.

Meditieren? Ist für dich Zwang, aber alle machen es? Dann „leave it"! Auch ein Spaziergang, bei dem du achtsam deine Umgebung betrachtest und einen Fuß bewusst vor den anderen setzt, kann meditativ sein.

Suche in deinem Alltag nicht nach Problemen, sondern nach Lösungen. Richtest du dein Bewusstsein auf Probleme aus, so wie ich es viele Jahre gemacht habe, dann siehst du auch nur Probleme. Denkst du allerdings aktiv in Lösungen, dann erscheinen diese häufig wie von selbst.

Als ich anfing, Bücher für andere Menschen zu schreiben, wusste ich überhaupt nicht, wie ich es anfangen sollte, verschiedene Projekte gleichzeitig zu jonglieren und nebenbei noch Akquise zu machen, damit mir die Aufträge nicht ausgehen. Erst als ich mich entspannte, meinen Blick auf mögliche Lösungen richtete und darauf vertraute, dass alles gut gehen würde, ich es also liebte, ließ der Druck nach. Anscheinend merkten das meine Interessenten, und Akquise fiel mir auf einmal deutlich leichter.

Auch heute noch falle ich immer wieder in alte Muster zurück, doch ich weiß, das ist menschlich und durchaus „normal". Wenn das passiert, dann schaue ich auf meine Postkarte mit dem Spruch: „Love it, change it or leave it", die an prominenter Stelle an meiner Pinnwand hängt, und denke an all das zurück, was ich schon geschafft habe.

Und genau das möchte ich dir an dieser Stelle mitgeben. Häufig machen wir uns klein, denken, wir können mit Herausforderungen nicht umgehen und verlieren aus den Augen, dass wir nicht immer nur funktionieren müssen. Wir halten stoisch an Aufgaben fest, weil wir sie schon immer erledigt haben oder „man das eben so macht". Wir klammern uns an alte Freunde oder Geschäftspartner, die uns schon längst nicht mehr guttun, und trauen uns oft genug nicht, unsere Komfortzone zu verlassen. Unser innerer Schweinehund möchte uns netflixend auf dem Sofa sitzen sehen. Dort sind wir sicher, es kann uns nichts passieren und wir bekommen regelmäßig unsere zugeteilte Portion an Glückshormonen ausgeschüttet.

Doch ist das Leben? Ist es das, wofür du angetreten bist? Bist du nicht stattdessen ein wunderbares Wesen, ein Mensch, der viel zu geben hat, andere inspirieren und lehren kann?

Vielleicht ahnst du, dass da noch mehr in dir steckt, genauso, wie ich es damals geahnt habe und auch heute noch tue. Denn ich bin noch längst nicht dort angekommen, wo ich hin möchte, und es gibt noch viel zu lernen.

Deshalb möchte ich dich an dieser Stelle einladen, zu entdecken, was in dir steckt. Dafür musst du nicht sofort alles hinwerfen, deinen Job kündigen oder dich wieder anstellen lassen. Im ersten Schritt reicht es aus, deinen Alltag zu entrümpeln, zu durchleuchten, was genau du liebst und was du besser ändern oder lassen solltest.

„Kleinvieh macht auch Mist." Nicht immer sind es die riesengroßen Paukenschläge, die unser Leben verändern, sondern vielmehr eine Änderung der täglichen Gewohnheiten, die dazu führt, dass du mehr und mehr liebst, was du tust.

Schaffe dir Zeit und Muße dafür, herauszufinden, was alles in dir steckt. Und egal, ob du dafür über glühende Kohlen laufen möchtest, laut „Chakka" rufst oder einen Spaziergang machst: Du bist einzigartig und wundervoll.

Lass raus, was in dir steckt und sei eine Inspiration für diese Welt.

Love it, change it or leave it.

Mirjam Saeger ist Autorin, Autorencoach, Ghostwriter und Ghostwriter-Mentorin und unterstützt Experten*innen und Unternehmer*innen dabei, ihr Buchprojekt mit Leichtigkeit von A-Z zu realisieren.

In ihren Buchreise-Mentorings begleitet sie angehende Autoren*innen dabei, zu entdecken, welches Wissen und welche Geschichten in ihnen stecken und wie sie diese mit der Welt teilen können.

Angehende Wortakrobaten*innen unterstützt Mirjam in ihrer Ghostwriting-Akademie auf dem Weg zum erfolgreichen Ghostwriting-Business.

Sie lebt mit ihrem Mann und ihren beiden Kindern im Oberbergischen nahe Köln.

https://mirjam-saeger.de

kontakt@mirjam-saeger.de

**Die Energie, die freigesetzt wird,
in dem Augenblick,
in dem du es dir erlaubst**

Simone Schraner

Ich habe gleich am Anfang eine Frage an dich, liebe Leserin und lieber Leser: Würdest du von Herzen gerne dein wahres SoSein sein und leben, anstatt dieses Leben hier auf unserer wundervollen Erde einfach nur zu überleben? Wie viele Signale brauchen du und dein Körper noch, bist du dein wahres, wirkliches Sein lebst, ohne ständig in Vergangenem festzustecken? Wann erlaubst du es dir endlich, befreit dein Leben in vollen Zügen zu genießen?

Wie wäre es für dich, wenn du einfach mal einen tiefen Atemzug nimmst und in diese Energie für ein paar Augenblicke eintauchst? Als einen kleinen Vorgeschmack darauf, was auch für dich möglich ist?

Klingt das interessant für dich?

Prima!

Dann mache es dir bequem. Nimm die Geräusche im Raum um dich herum bewusst wahr. Spüre deinen Atem, wie er sanft ein- und ausgeht, wie sich dein Brustkorb beim Einatmen hebt und beim Ausatmen wieder in seine gewohnte Position zurückkehrt. Du fängst an, dich immer mehr und mehr zu entspannen … Während u diese Zeilen hier liest, wirst du vielleicht mit jedem Atemzug, den du nimmst, bemerken, dass du dich mehr und mehr entspannst und eine friedvolle Freude und ein freudvoller Friede in dir aufsteigt. Du entspannst dich mehr und mehr; tiefer und tiefer – in deine innerste Quelle hinein. Lass zu, dass sich dein Bewusst- und Gewahrsein unendlich nach allen Seiten ausdehnt. Lass dein Selbst still und ruhig werden in dieser sich immer weiter vertiefenden Grenzenlosigkeit. Ruhe im puren Bewusstsein deines Selbst als Quelle und fühle den Frieden, der sich in deinem Inneren ausbreitet.

Einmal hörte ich die Erzählung, dass jeder Mensch als purer, lupenreiner, makelloser Diamant in dieses Leben kommt. Unser Hiersein auf der Erde ist dazu bestimmt, um die Schmerzen und Emotionen zu erfahren, die dieses Leben für uns bereithält, damit wir uns wirklich bewusst werden, wer oder was wir in Wahrheit sind.

Durch dieses Leben und die Geschehnisse, die uns im Laufe unseres irdischen Daseins widerfahren, wird unsere Brillanz von einer Menge an Müll überdeckt. Wir bedecken den ganzen Schlamassel mit einer Schicht aus Glanzlack. Wir präsentieren dem Umfeld diesen aufgesetzten Schein und staunen, weshalb wir nicht wirklich gesehen werden als die Person, die wir wirklich sind.

Im Laufe der Zeit gelangen wir mehr und mehr zur Überzeugung und identifizieren uns damit, dass diese schützende Hülle das darstellt, was wir wirklich sind. Und ehe wir uns versehen, laufen wir alle mit selbst aufgesetzten Masken durch unser Leben. Am Ende fragen wir uns schließlich, wessen Leben wir eigentlich wirklich gelebt haben, und kommen dabei in den meisten Fällen zur traurigen Erkenntnis, dass es nicht unser eigenes war.

Das Leben macht uns ein wundervolles Geschenk. Etwas passiert, was dazu führt, dass wir einen Moment lang durch die verhärtete Oberfläche in eine andere Ebene gelangen, unter die Schichten von Ballast und Müll schauen und in die leuchtende, klare Brillanz eintauchen können, die aus unserem Wesenskern, aus unserer einzigartigen Tiefe des grenzenlosen SoSeins, unserer eigenen Quelle entspringt. In genau diesem Moment, dem Jetzt, sind wir uns bewusst und gewahr, dass wir seit jeher dieser reine, vollkommene Diamant waren, sind und immer sein werden.

Diese Zeilen sind eine wunderschöne Geschichte von der Reise zum SoSein und vom grenzenlosen Klang, die Schönheit und Größe der eigenen Quelle zu erkennen. Dies ist eine Einladung an dich, heimzukommen zu dem, was du in Wahrheit in deiner Einzigartigkeit bist.

Mein Name ist Simone Schraner, und ich begleite Menschen dabei, ihr neues, erfülltes Leben zu kreieren und zu leben, ohne im Vergangenen festzustecken, den wahren Grund hinter ihren inneren und äußeren Blockaden zu finden, ihre wahre einzigartige Energie fließen zu lassen, ihr volles Potenzial zu entfalten und ihre Gaben zu leben. Ich bin hier und will für jene Menschen wirken, die in ihre einzigartige Tiefe bewusst eintauchen wollen; die von innen, von ihrem wahren Wesenskern aus in voller Brillanz nach außen gehen möchten, um ein größtmöglicher, nachhaltiger Beitrag für diese Welt zu sein. Auf meine unermüdliche Unterstützung können alle Menschen zählen, die bewusst wählen, über sich hinauszuwachsen, um mit Bewusstsein und Gewahrsein einen gesunden, fitten Körper, ein funktionierendes und erfolgreiches Business sowie eine erfüllende und harmonische Beziehung zu leben.

Ich bin hier und will für jene Menschen wirken, die in ihre einzigartige Tiefe eintauchen wollen; die von innen, von ihrem wahren Wesenskern aus in voller Brillanz nach außen gehen möchten, um ein größtmöglicher, nachhaltiger Beitrag für diese Welt zu sein. Auf meine unermüdliche Unterstützung können alle Menschen zählen, die sich bewusst dafür entscheiden, über sich hinauszuwachsen, um mit Bewusstsein und Gewahrsein einen gesunden, fitten Körper, ein funktionierendes und erfolgreiches Business sowie eine erfüllende und harmonische Beziehung zu haben bzw. zu leben. Ich liebe meine Arbeit.

Heute lebe ich mit einer tiefen Ruhe, Freude und Leichtigkeit mit meiner Familie in drei Ländern, reise für diverse Kurse, Seminare und Trainings von einem wunderschönen Land ins andere und bin als Instaneous Generator & Creator nach Symphony Awareness Inspiration für Menschen auf der ganzen Welt. Menschen aus diversen Ländern und von verschiedensten Kontinenten kontaktieren mich, um mit mir intensiv in einer Eins-zu-eins-Begleitung zusammenzuarbeiten.

Oft werde ich auf meine strahlenden Augen angesprochen. Doch das war nicht immer so ... Gerne nehme ich dich auf eine kurze Reise in die Vergangenheit meiner eigenen Geschichte mit.

Wir schreiben das Jahr 2011. Erschöpft doch überglücklich halte ich mein soeben geborenes drittes Kind in meinen Armen und bestaune dieses unbeschreibliche Wunder. Ich halte dieses filigrane, wundervolle Wesen ganz nahe an meinem Körper und nähre es an meiner Brust. Auf einmal spüre ich es: Etwas geschieht mit mir ... Ich nehme wahr, wie mein Körper dünner wird; er sieht aus wie eine Luftspiegelung in der Wüste. Ich nehme wahr, wie mein Mund trocken wird, die Nase fühlt sich runzlig an, die Hände schrumpfen in sich zusammen. Innerlich sieht es aus, als ob Rauch aus einem Kamin tritt und durch den Raum schwebt. Die Wärme in meinem Körper lässt nach. Sprühende Funken flitzen durch den Raum. Die Wärme zieht sich zusammen, von den Füßen aufwärts zum Herzen. Oh – mein Atem bleibt stehen. Ich höre Stimmen von Krankenpflegern, sie rufen nach Ärzten. Alle sind in Bewegung, in Aufruhr. Doch ich schwebe dahin, sehe den hektischen Wiederbelebungsmaßnahmen erstmal gelassen zu und tauche letztendlich ein in eine Erscheinung von wundersamem Licht, wie bei einer ruhigen, wohligen Kerzenflamme. Die aufgeregten Stimmen des Reanimationsteams werden immer schwächer. Um mich herum wandelt sich alles in eine riesige, leuchtend helle, unermessliche Weite. Mein konzeptuelles Denken verschwindet, und um mich herum scheint nichts mehr existent zu sein, außer diesem leuchtenden Licht. Ein subtiles Gefühl von Subjekt und Objekt ist noch da, und während ich mich in diesem Licht fortbewege, erscheint vor meinen Augen, wie in einem Film, mein ganzes irdisches Leben. Und ich sehe ...

Ich sehe, wie ich in meiner Schulzeit von Lehrerinnen und Lehrern im Alter von vierzehn Jahren für den Tod eines Kindes verantwortlich gemacht werde, welches ich alle zwei Wochen seit über einem Jahr gehütet habe und welches an einer schwerwiegenden Darmkrankheit litt. Ich habe zu wenig gemacht, bekomme ich zu hören, obwohl ich die Mutter, eine meiner Lehrerinnen, an diesem Tag nach dem Hüten gebeten habe, umgehend für eine Untersuchung des Kindes ins Krankenhaus zu fahren. Ich fühle mich ungenügend. Ich fühle, versagt zu haben.

Ich sehe meine Operation im Alter von fünfzehn Jahren. Die Narkose wirkt nicht in dem Ausmaß, wie sie es sollte, und ich bekomme die Ohrfeigen des Narkosearztes genauso wie die gesamten Gespräche und den Ablauf der Operation mit, ohne dass ich dies mitteilen kann. Ich berichte nach der Operation den Ärzten von meinen Erfahrungen und werde lediglich belächelt; meine Wahrnehmung wird als falsch erklärt. Ich fühle mich missverstanden und falsch.

Ich sehe, wie meine Oma die Welten wechselt. Ich halte ihre Hand, und nachdem sie ihren letzten Atemzug macht, schwebt aus ihrem Körper ein

Schmetterling und fliegt ins Universum. Ich spreche mit niemandem darüber, um nicht erneut als Fantasiererin betitelt zu werden und mich wieder falsch zu fühlen.

Ich sehe, wie ich mit fünfzehneinhalb Jahren vergewaltigt werde. Ich schäme mich für meinen Körper. Ich ekle mich regelrecht vor ihm.

Ich sehe, wie meine verätzten Oberschenkel erst Jahre später vollständige Heilung zeigen.

Ich sehe, wie ich mit siebenundzwanzig vor Gericht bei meiner Scheidung als schuldig erklärt werde, weil ich gemäß Gesetzestext meine Pflicht als Frau nicht erfüllt habe, dem Verlangen meines Mannes genügend nachzukommen und deshalb seine wiederkehrende sexuelle Aktivität mit anderen Frauen verständlich sei und meine Genitalinfekte mein Problem sind. Ich fühle Scham. Ich fühle, versagt zu haben, ungenügend zu sein. Ich fühle mich wieder falsch.

Ich sehe eine Situation um die andere. Es ist wie ein Blick aus dem Fenster, wenn man in einem Zug sitzt und die Außenwelt an dir vorbeiflitzt. Es ist eine lange Zugfahrt mit vielen Stationen.

Ich sehe, wo ich mich ungenügend, falsch, verurteilt, missverstanden fühle und meinen Körper mehr und mehr als Beschämung spüre und an mir zweifle. Und es schmerzt, es schmerzt so verdammt sehr ...

Es prasseln auf mich zahlreiche Fragen ein, die meinen Kopf nahezu zum Explodieren bringen: *"Was habe ich falsch gemacht? Was habe ich verursacht, um all das zu erfahren? Womit habe ich diese schrecklichen Erfahrungen bloß verdient?"*

Die Wandlung geht weiter. Alles erscheint mir nun schwarz. Es umgibt mich eine leuchtende Schwärze, eine schwarze, unermessliche Weite, wie ein mondloser, ganz dunkler Himmel, wenn noch keine Sterne zu sehen sind. Ich versinke in diese Dunkelheit.

Auf einmal hört diese schwarze Erscheinung auf. Meine Umgebung verwandelt sich in ein klares Licht – wie der natürliche Zustand des Himmels in der Dämmerung – ohne Mondlicht, Sonnenlicht oder Dunkelheit. Eine Stimme erklingt und fragt mich:

„Willst du hierbleiben oder gehst du zurück?"

– Wie bitte? Was höre ich da?

Die Stimme fragt erneut:

„Willst du hierbleiben oder gehst du zurück?"

Ich genieße diese klare Energie von reinem Licht. Ein wundersamer Raum, in dem keine Verurteilung, kein Falschsein, keine Scham und Schuld, kein Anderssein, keinerlei Schmerz etc. existieren und im ersten Moment möchte ich tatsächlich … hierbleiben.

Doch dann fällt mein Blick auf den aktuellen Schauplatz meines irdischen Lebens, auf den Moment der Geburt meines Sohnes und ich sehe ihn – so zart, so filigran, so wunderschön, im absoluten Einklang mit sich und seinem Körper.

Abermals erklingt die Stimme:

„Willst du es ändern? Bist du bereit?"

Ich zögere immer noch; es ist einfach zu schön hier in dieser lichtvollen, klaren Energie.

Doch schließlich treffe ich eine Entscheidung und mein Mund spricht die leise, jedoch klare Antwort:

„Ja."

Eine starke Energiewelle durchfährt meinen Körper. Ich fließe mit ihr. Es führt mich fort von dem klaren Licht, ähnelt dem Zurückdrehen eines Films, jedoch definiert es sich immer mehr wie etwas neu Entstehendes. Wie lange ich in diesem Zustand dieser klaren Lichter verweile, kann ich nicht benennen. Schnell oder langsam, kurz oder lange – es ist für mich bedeutungslos. Das Bewusstsein über die Tatsache, immer die Wahl zu haben sowie das Gesetz von Ursache und Wirkung erscheinen mir in diesem Moment so klar wie nie zuvor.

Ich öffne meine Augen und höre die Worte einer Ärztin:

„Welcome back! Schön, dass Sie wieder da sind. Wir mussten Ihnen mehrere Bluttransfusionen geben."

Von einem Moment zum anderen gewinne ich wieder mein konzeptuelles Denken zurück und spüre mit meinem ganzen Sein, dass ich mich endlich all dem stellen muss, was dazu geführt hat, dass ich diesen Nahtod erfuhr. Jetzt bin ich willens, mein Leben in erster Linie für mich zu leben und nie wieder für jemanden, der für oder gegen mich ist. Aus dieser Perspektive habe ich begonnen, die Brillanz in mir und um mich zu entdecken.

Was für ein Geschenk! Was für ein übereinstimmender Zeitpunkt! Dadurch, dass all dies geschehen ist, bin ich jetzt endlich in der Lage, bewusst zu wählen. Ich kann ALLES wählen, und ich wähle alles. Ab jetzt lasse ich mich nicht mehr weiterhin von Emotionen wie Angst, Trauer, Wut etc. leiten. Ich wähle meine Wirklichkeit als die einzige Wirklichkeit zu empfangen. Ich bin mir bewusst, dass meine Wirklichkeit viel größer ist als mein Verständnis von ihr und dass dies auch immer so sein wird. Ich wähle eine Wirklichkeit, die wächst und sich ausdehnt, so wie ich wachse und mich ausdehne. Ich werde ruhig und vollkommen gelassen.

Wie können wir nun das ausgedehnteste Leben haben und leben?

Ich habe all die vergangenen Jahre damit verbracht, mich aus- und weiterzubilden, um möglichst alles über die Heilung unseres Körpers und unserer Seele zu lernen sowie das Gesetz von Ursache und Wirkung unseres Seins zu erfahren. Was wäre wohl alles möglich, wenn wir immer und immer wieder gesagt bekämen und bestärkt würden:

"Du bist ein wundervoller Beitrag für uns und die Welt, und wir sind so dankbar dafür, dass du hier bist. Schön, dass es dich gibt. Danke!"

Was würden diese Worte in dir und deiner Seele wohl bewirken? Wenn wir uns weder falsch, ungeliebt, missverstanden, schlecht noch sonst auf irgendeine Art und Weise erniedrigt fühlen, sondern stattdessen raus aus dem Urteilen und Selbstverurteilen gehen, beschenkt uns die Schöpferkraft und das Universum mit immer mehr Leichtigkeit und Freude. Die Voraussetzung dafür sind pure Dankbarkeit und die bewusste Wahl.

Fragen wie: *„Was kann ich heute tun und sein, um mehr Freude und Leichtigkeit zu erfahren bzw. zu kreieren? Was erschaffe ich heute, um XY näher zu kommen?"* eröffnen dir wundersame Horizonte und Möglichkeiten. Sieh es vor deinem Auge. Fühle es, als wäre es bereits so. Lebe es mit jeder Zelle deines Körpers! Nimm Situationen zur Unterstützung, die du bereits erschaffen hast und jene, die du erschaffen willst. Es ist dieselbe Energie. Alles, was du bis jetzt hast und bist, kreiertest du – somit kannst du auch Dinge kreieren, die du willst. Wähle und erschaffe!

Ich persönlich habe ein zweites Leben geschenkt bekommen. Es war der Moment, um zu erkennen, wer ich wirklich bin und was ich hier auf dieser Welt zu geben habe. Quasi ein Weckruf, sich endlich zu besinnen. Ich stellte mir viele Fragen, und ich beobachtete, was ich verkörperte und wie sehr dies meinem wirklichen Sein entspricht. Das Leben, das ich lebte, war nicht mein wirkliches Sein. Allzu oft übernahm ich durch meine Hochsensibilität und -sensitivität Werte und Ansichten von anderen, bloß um zu gefallen, dazuzugehören, zu genügen. Ich schwamm mit so großer Anstrengung immerzu gegen den Strom, weil ich zur Quelle – zu meiner Quelle – kommen wollte. Durch diese Nahtoderfahrung habe ich für mich wahrgenommen, dass ich wählen kann – und dies mit Freude und Leichtigkeit. Ich habe erkannt, dass meine Wahl mir im Innen wie im Außen zeigt, was ich bin oder was ich noch nicht lebe. Vor allem jedoch hat mir diese Nahtoderfahrung gezeigt, dass Dankbarkeit der magische Schlüssel zum Tor des freudig leichten und friedvollen Seins ist.

Es ist diese kraftvolle Energie, die du verspürst, wenn du wirklich tiefe Dankbarkeit für eine Person empfindest, die sich in deinem Leben zeigt, wenn du dankbar dafür bist, dass dieser Mensch da ist, vollkommen ohne Bewertung. Dankbarkeit für etwas, das sich in deinem Leben zeigt, wieder einfach ohne Bewertung.

Doch jetzt kommt der alles entscheidende Punkt: Empfindest du für dich selbst keine Dankbarkeit, kannst du sie auch niemand anderem erweisen. Ohne Dankbarkeit bewertest du, und zwar immer. Bist du für etwas oder jemanden in deinem Leben dankbar, ist keine Perfektion zu erbringen.

Was würdest du tun und sein, wenn du wüsstest, dass Dankbarkeit in jedem Moment der Schlüssel zu deinem wahren Sein ist? Und was würdest du tun und sein, wenn du wüsstest, dass dein wirkliches wahres Sein DER Beitrag für friedvollere Freude und freudvolleren Frieden ist?

Meine Liebe, mein Lieber ... Das Leben geschieht immer für dich, niemals gegen dich. Nimm mit all deinen Sinnen wahr, was das Leben für dich bereithält. Es gibt diese Grenzenlosigkeit – diese Energie, welche, wenn du sie empfängst, alles gibt. Es mag für den Verstand nicht erklärbar erscheinen, du kannst es jedoch mit dem Herzen fühlen. Du kannst dein Leben führen, wie du es wirklich willst (der Begriff „wollen" stammt übrigens etymologisch betrachtet vom Terminus „wählen" ab). Dir wird jeden Tag und in jedem Moment diese großartige Möglichkeit gegeben, zu wählen. Bist du bereit zu empfangen? Bist du bereit zu entspannen, ohne dich an Bekanntem festzuhalten? Öffne dich für deine Grenzenlosigkeit und verkörpere, was du wirklich weißt und bist. Es kommt nur auf die Perspektive an, aus der du deine Wegweiser betrachtest und deinen Weg gehst.

Oft höre und empfange ich von den großartigen Menschen, die sich von mir begleiten lassen, Dankbarkeit für den Perspektivenwechsel, der eine augenblickliche Transformation mit sich bringt. Es ist wie ein Theaterstück, in dem verschiedene Szenen das vermeintliche Leben zeigen. Erlaube es dir, das Theater zu betreten und einen Sitzplatz zu finden. Stelle dir eine Bühne vor und siehe, wie eine erste Szene abläuft – etwas, das dich in deinem Leben belastet, limitiert und ablenkt. Nun lass uns gemeinsam den Vorhang heben und schau, was hinter dieser Belastung, Limitierung und Ablenkung wirklich steckt … Lass dich Vorhang um Vorhang weiter hinter die Kulissen blicken, bis du zur Ursache gelangst, die in der ersten Szene von vorhin ihre Wirkung zeigt. Nun frage dein „Ich" in diesem Theaterstück, was es gebraucht hätte, um mit mehr Leichtigkeit und Freude diese Situation zu erleben. Warte die Antwort ab. Lass dein damaliges Ich alles empfangen, was es gebraucht hätte, um diese Situation mit Leichtigkeit und Freude, Stärke und Mut, Vertrauen und Gelassenheit, Licht und Dankbarkeit zu erleben, statt bloß zu überleben.

Nun lass diese Szene nochmals mit all den Gaben ablaufen und nimm wahr, was dieses Mal anders und neu ist. Spüre es. Was fühlst du jetzt, im Wissen und im vollsten Vertrauen, dass alles immer da war bzw. ist und alles stets zur Verfügung steht? Welche Energie, welches Bewusstsein, welcher Raum, welche Magie und welche Wahl können du und dein Körper ab heute und in Zukunft sein, um dir für alle Ewigkeit zu erlauben, ein großartiges Leben zu führen – im vollkommenen Einklang mit dir und deinem wahren Sein?

Wenn du dir etwas über Monate und Jahre aus einem bestimmten Blickwinkel angesehen hast und es nicht anders ist, dann ist das nicht die Schwierigkeit. Es ist vielleicht ein Teil davon, doch wenn du es als die Quelle siehst, während es nicht die wirklich wahre Quelle ist, ist es nicht das, was es tatsächlich zu sein scheint. In diesem Fall steckt hier irgendwo das Unwahre drin. Dein Körper kann dir den Weg zeigen. Wenn du deinen Körper bittest, dir den Weg zu zeigen, öffnet er dir alle Türen zu mehr Möglichkeiten.

Die Mehrheit der Menschen denkt, ihr Körper sei eine Falschheit. Wenn wir im Bewusstsein der Grenzenlosigkeit sind, pressen wir den Körper nicht in einen Körperanzug, den du „du" nennst. Du trägst einen Du-Anzug. Ich trage einen Simone-Anzug. Entspricht dein Anzug wirklich dem, was du bist? Wir machen dies übrigens nicht nur bei uns – wir wiederholen dies in Beziehungen, wir wiederholen dies im Business und mit den Finanzen, der Gesundheit und Fitness. Wir tun es, indem wir uns gegenüber anderen Menschen so zeigen, wie wir beschlossen haben, wie und was wir sein können und wie wir glauben, dass die Leute uns sehen, wenn sie uns nicht sehen. Du hast die Wahl. Du kannst entweder in der Frage sein und wählen, oder du kannst weiter fixe Ansichten kreieren und zum Schluss gelangen, was es ist und was möglich ist und was nicht möglich ist. Wenn du in der Frage bleibst, öffnet sich mehr und mehr Bewusstsein, Leichtigkeit und Freude wie auch mehr Verbindung zu deinem Körper und deinem wirklich wahren Sein. Wenn du mit deinem Körper ein Thema hast und sagst: *„Das ist das Problem",* es jedoch nicht verändern kannst, liegt nicht darin die Schwierigkeit. Es ist etwas anderes. Daher kann ich dir folgende Frage wahrlich ans Herz legen – sie wird dir weiterhelfen:

„Lieber Körper, zeige mir, was wir heute tun oder sind, was diese Situation sofort mit Leichtigkeit und Freude ändern würde."

Loslassen oder entspannen? In all den Jahren bin ich Unzähligen und Unzähligem begegnet und höre immer wieder die Ansicht *„Du musst loslassen."* Wie die Weisheit unserer Sprache einerseits sagt, beinhaltet ein „Ich muss ..." Druck, Zwang sowie Anstrengung. Andererseits leitet sich *„loslassen"* aus *„ermüden"* hervor. Unsere Gedanken und deren Aussprache nehmen Einfluss auf unsere Wirklichkeit und ergeben eine Ursache und ihre Wirkung. Nun setze ich diese Ansichten von *„Ich muss loslassen"* noch weiter fort und betrachte folgende Situation:

Ich halte eine heiße Tasse brühenden Kaffee in der Hand und lasse diese los. Was geschieht? Die Tasse mitsamt dem Inhalt fällt zu Boden, jedoch ist sie immer noch da, wenngleich in einem etwas anderen Zustand (zerschlagen, zertrümmert, verbeult etc.). Übertrage ich dies nun auf den Gedanken und die Aussage von *„Ich muss meine/-n Schmerz, Trauer, Wut etc. loslassen",* so verschwindet diese nicht – sie zeigt sich einfach nur verändert. Wenn ich wiederum „Loslassen" im Sinne von „sich auflösen/ weggehen" verwende, wäre ich dann im Hier und Jetzt diejenige, die ich bin, was mich und meine verkörperte Einzigartigkeit ausmacht?

Erlaube ich es mir, einer Situation Raum zu geben, empfange ich Entspannung. Auf diese Weise dehne ich meine Energie aus. Wenn wir bei unserer Kaffeetassen-Metapher von vorhin bleiben, stelle ich die heiße Tasse mit dem brühenden Kaffee hin, lasse das Ganze abkühlen, genieße daraufhin den neuen Zustand (von heiß zu kalt), entspanne mich und genieße den Moment.

Was würde sich in deinem Leben verändern, wenn du ab sofort allem mit der Einstellung: *„Ich kann mich in diese Situation hinein entspannen"* begegnest?

Ein Prinzip der unmittelbaren Transformation ist, sich einfach in die Situation hinein zu entspannen, ohne zu versuchen, irgendwo hinzukommen. Selbst wenn unsere intellektuelle Sprache für die Beschreibung einer nicht-physischen Wirklichkeit sehr unzulänglich ist, so habe ich erfahren dürfen, dass es keinen Grund gibt, warum wir nicht spontan in den Moment „hineinplumpsen" können, um Wohlbefinden zu empfinden. Dabei hat es auch rein gar nichts damit zu tun, ob wir vor fünf Minuten da waren oder nicht. Wir können verinnerlichen, dass dies unsere Wahrheit ist, oder wir können in Sorgen und Klagen, Drama und Trauma abdriften. Vergiss es niemals – du hast immer die Wahl.

In einem meiner Interviews stellte mir die Sprachwissenschaftlerin und Werbetexte-Expertin Anna Kaltner, die zurzeit mit ihrer aktuellen Wirklichkeit ihre ungefilterte, einzigartige Herzensbotschaft nach außen trägt, dass selbst ein bösartiger Hirntumor keinen Anlass gibt, sich selbst aufzugeben, sondern sogar dazu führen kann, viel mehr sein wahres Selbst zu leben, folgende Fragen, deren Betrachtung dir eine Inspiration sein darf.

Anna: Was bedeutet Leben bzw. Erleben für dich?

Simone: Leben bedeutet für mich SoSein – im wahrsten Sinne des Wortes. Hierzu ein Beispiel: Für viele Menschen geht ihrer Vorstellung gemäß das Leben lediglich von der Ausgangslage A nach Ziel B und braucht weder nachhaltig noch bewusst oder in vollen Zügen lebendig sowie freudig und mit Leichtigkeit zu sein. Manchmal ist es anstrengend, von A nach B zu kommen, hin und wieder sinnlos erscheinend oder mit Schmerz und anderen Emotionen verbunden. Kaum ist Ziel B erreicht, kehrt das Unglücklich- und Unerfülltsein zurück und das nächste A nach Ziel B wird angestrebt – im Wunsch und in der Hoffnung, jetzt endlich alles zu haben, was glücklich und erfüllt macht.

Und schließlich gibt es Herrn und Frau „Magic", die ihr Leben einfach anders gestalten. Sie gehen in Aktion, sie handeln also just aufgrund eines Moments oder warten geduldig ab. Sie sind in ihrem SoSein, wählen und gehen den nächsten Schritt immer mit dem Ziel vor Augen und im Sinne absolut echt, authentisch sowie mit Freude und Leichtigkeit, dieses irdische Dasein zu leben. Und zwar wahrhaft zu leben – ohne jegliche Limitationen oder begrenzende Ansichten.

Um auf eine Metapher aus der Natur zurückzugreifen, verhält es sich wie eine Gurke oder Palme. So wie die Gurke eine sehr kurze Vegetationszeit hat, so erscheint für viele Menschen ihr Leben. Doch die Palme, genauer gesagt die Dattelpalme, lässt sich in den ersten drei bis zehn Jahren beim Wachsen zusehen, ohne dass sie Früchte trägt. An ihrem Stamm wachsen stetig neue Palmen heran. Systematisch entsteht hier etwas Neues. Die höchsten Erträge wirft eine Dattelpalme ab dem Alter von 30 bis 40 Jahren ab; dann jedoch sehr reichlich – bis zu 150 kg im Jahr!

Wenn du dich also in Geduld und Vertrauen übst, wenn du dich, dein So-Sein mit Freude hegst und pflegst, wenn du dein größtmöglicher Beitrag auf dieser Welt bist, bekommst du die Ernte fast umsonst. Die Ursache liegt in den ersten Momenten des Samensetzens, und in all den Jahren danach zeigt sie ihre Wirkung.

Wer oder was bist du? Genießt du dein irdisches Leben und lebst du die Träume, die du als Kind gesät hast? Wann kommt dein Moment zum Ernten?

Anna: Inwieweit hat deine Nahtoderfahrung dein Leben verändert?

Simone: Was mir diese Nahtoderfahrung gezeigt hat, ist, dass alle diese sogenannten Faktoren wie Glück und Pech, Zufall und Unfall, Schicksal, Emotionen usw. in Wirklichkeit Aspekte des irdischen Lebens sind, die sich innerhalb oder außerhalb unserer Sicht bzw. Wahrnehmung befinden. Es gibt so viel mehr als das Jenseits unserer akzeptierten Wirklichkeit.

Mit der Nahtoderfahrung habe ich mein Leben massiv verändert. Ich habe Muster, Glaubenssätze, fixe Ansichten aus dem vorherigen Leben erkannt, die mich daran hinderten, ein kreatives Leben zu führen. Ich habe erkannt, dass ich die Wahl habe, und zwar in jeder Situation, sowie meine Verantwortung, was mir und mit mir geschieht.

Es ist dieses tiefe Eintauchen in den Moment, der eine Kraft und Fülle, eine mit Worten schier unbeschreibliche Essenz und Energie hervorbringt, die eine unendliche Dankbarkeit beinhaltet und deren Schwingung nur zu noch mehr von diesem Sein beflügelt. Am stärksten erlebte ich diesen neuen Zustand in meinen Beziehungen, insbesondere in der Beziehung zu dem Mann an meiner Seite. Hier entstand durch diese Energie des Seins im Moment eine Nähe, eine Tiefe und zugleich eine Weite. Es ist das Erlauben, alles zu sein, wer und was ich bin, während er genauso sich selbst und mir gegenüber in diesem Erlauben ist. Es ist das Ehren – sich selbst und die andere Person mit Respekt zu behandeln, nicht mit Bewertung. Das bedeutet, dadurch, dass ich meinen Mann vollkommen ehre, wer und wie er ist, kann er sein, wer und wie er ist, und ich kann sein, wer und wie ich bin, ohne jeglicher Bewertung. Es ist das Vertrauen, was er tut, und nicht zu beschließen, was ich will, dass er tun soll.

Es bedeutet, nicht blind zu vertrauen, sondern zu wissen, dass er morgen derselbe Mann für mich sein wird wie heute, ohne zu befürchten, dass er sich ändern muss, weil ich ihn liebe. Es ist die bedingungslose Liebe ihm gegenüber, und es ist die Bereitschaft zu empfangen, mich ungeschminkt und unmaskiert zu zeigen, ohne zu versuchen zu beweisen, dass ich passend bin, dass ich alles verstanden habe, sondern dass ich einfach da bin, ohne Mauern, ohne Barrieren, ohne Falschliegen, ohne Recht haben, ohne mich schützen zu müssen, ohne eine komfortable Distanz zu schaffen. Das ist die Tiefe, Nähe und Weite zugleich in der Beziehung zu meinem Mann und auch in den Beziehungen zu meiner Familie und den Menschen in meinem Freundeskreis. Diese Verbundenheit führt dazu, dass Distanz de facto inexistent wird. Die Verbundenheit ist grenzenlos, sodass Entfernung über Ländergrenzen, Kulturen und Religionen keinen bewertenden Einfluss mehr nehmen. Diese Verbundenheit lässt dich jede Situation und jeden Menschen anerkennen als denjenigen, der er bzw. sie ist. Und in genau dieser Verbundenheit ist alles möglich.

Im meinem früheren Leben wäre mir mit diesen Worten ein Fragezeichen ins Gesicht geschrieben gestanden. Heute weiß ich, dass es diese grenzenlose, ewige Energie gibt. Es ist eine so sanfte, liebevolle, weiche, lichtvolle Energie, in der wir uns befinden können, wenn wir in diesen Zustand der Energie gehen, wo Be- und Verurteilen einfach nicht mehr existiert. Es gibt keine Emotionen in dieser Energie, die so stark und körperlos ist. Es ist eine grenzenlose Kraft, eine Schwingung, es sind tanzende Moleküle – durchströmt von einem Licht und einem Zustand, der pures prickelndes Sein voll von Freude und Leichtigkeit schenkt.

Als neugeborenes Wesen sind wir frisch und rein da, nichts haftet sichtbar an uns, und auch unser Bewusstsein sowie Gewahrsein sind noch wortlos da, in der reinen Energie, von der wir herkommen. Der zarte, reine Duft eines Babys und sein vollständiges, reines Dasein geben diese Energie wider in der Verkörperung als frischer Mensch auf Erden. Beim Anblick eines Neugeborenen können wir in dieses Bewusstsein der Grenzenlosigkeit, des unendlichen Wesens hineinsinken, das Gefühl von Zeit ist in dem Moment ebenfalls weg.

Das Markanteste, das ich ab dem Zeitpunkt der Nahtoderfahrung anders gemacht habe, ist, das Bewusstsein von weder richtig noch falsch zu haben, dieses nicht richten oder gerichtet werden. Ich bin nicht der Körper, sondern der Körper ist Ausdruck meines Seins, er verkörpert es! Es ist eine Abbildung von meiner Verbundenheit zu dieser grenzenlosen Energie.

Es kreiert nicht mehr, immer Bewertungen vorzunehmen. Kranke Menschen werden untersucht, um herauszufinden, wie Gesundheit funktioniert. Es werden gescheiterte Beziehungen untersucht, um zu definieren, wie glückliche zwischenmenschliche Relationen funktionieren. Es werden Schwächen untersucht, damit erklärt werden kann, wie Stärke funktioniert. In solchen Systemen wachsen wir momentan noch als Kind zum Erwachsenen heran.

Durch meine andere Wahrnehmung und Wirklichkeit aufgrund meiner Nahtoderfahrung und meinen natürlichen Gaben ist mir bewusst geworden, dass diese Dualität und eben dieses Erfahren von Be- und Verurteilen hier auf Erden dazu dient zu wählen, was wir wirklich wollen. Dieser Fokus führt zu dem Leben, welches wir leben. Wir sind in der Lage, eine Wahl zu treffen, und diese Tatsache führt uns auf den entsprechenden Weg. Den Fokus auf dein wahres Sein und deinen Körper zu geben, kreiert mehr für dich und die Welt.

Dein Körper ist dabei ein sensitiver, sensibler sowie höchst sensorischer Organismus. Du und dein Körper sind in propriozeptivem Gewahrsein von allem, was ist. Dein Körper ist geschaffen worden, um dir ein Gewahrsein der Verkörperung und der Energie um dich herum zu geben. Er gibt dir die Fähigkeit, ein Gewahrsein für eine noch größere Verkörperung zu vermitteln – vollkommen frei von Be- und Verurteilen. All diese Tools und Körperprozesse geben dir Möglichkeiten, dem magischen Raum, der Körper wirklich sind, gewahr zu werden. Lass deinen Körper wissen, welch ein Geschenk er ist, und dein Körper wird dich mit Gesundheit, Fitness und auch Wohlbefinden beschenken.

Gehe deinen Weg stets mit der Frage: *„Wie kann ich es ändern?"*

Anna: Welche drei Dinge würdest du deinem fünfjährigen Ich auf den Weg mitgeben, wenn es heute vor dir stehen würde?

Simone: Es wären definitiv Fragen und erweiternde Worte wie:

„Kreiert das, was du jetzt tust und bist, mehr Freude, Leichtigkeit und Wohlstand für dein Leben und für andere? Und wenn du es jetzt wählst, wie wird dein Leben in einem, in fünf oder in zehn Jahren sein?"

Diese Fragen stelle ich übrigens immer mal wieder meinen Kindern, Freund*innen und Klienten, wenn sie vor einer Wahl stehen und noch nicht die Klarheit haben, was sie wählen wollen. Ich kann diese Fragen somit jedem Menschen da draußen wärmstens ans Herz legen. Der Zweck einer Frage liegt nicht darin, eine Antwort vom Verstand geleitet zu erhalten. Der Zweck einer Frage ist, Gewahrsein zu erlangen und eine Ausdehnung, Leichtigkeit sowie Freude mit dem Körper wahrzunehmen. Die Wahl bringt dich auf den Weg, und zwar dorthin, wohin du von Herzen möchtest. Hierfür gibt es immer mehrere Wahlen und jedes Mal, wenn du wählst, öffnet sich eine weitere Reihe von Fragen und Möglichkeiten, die du zur Verfügung hast. Dinge, die du wählen kannst, ganz gleich, ob du sie tust oder nicht. Von da an heißt es: *„Nimm wahr, wisse Bescheid, sei und empfange – und dir wird gegeben."*

Was können also du und dein Körper sein und tun, um das Vertrauen in die Magie des Lebens zu bewahren?

Die Antwort ist ganz simpel und für uns Menschen doch oftmals so schwierig: Vertraue! Vertraue dir und deinem Körper. Nimm wahr, wer du bist – ein unendliches Wesen mit einer Verkörperung auf Erden. Alles ist in dir. Das Geschenk bist du. Das Geschenk ist deine Einzigartigkeit in Verbundenheit zu allem, was ist. Hinterlasse deinen Fußabdruck in dieser Welt, an dem deine Einzigartigkeit erkannt wird.

Behältst du den Fokus, deine Träume zu verwirklichen, ohne dich davon ablenken zu lassen?

Aggression, Wut, Zorn, Vorwurf, Schuld, Reue, Angst, Zweifel, Schmerz usw. sind Ablenkungen, die dazu führen, zu bewerten anstatt zu wählen. Sie schließen dich ein und halten dich davon ab, du selbst zu sein. Sie bringen dich in die Bewertung von dir und nicht in die Auseinandersetzung mit dir, wer du wirklich bist. Sie lenken dich von dem ab, was wirklich vor sich geht. Wenn du deine Aufmerksamkeit darauf richtest, verlierst du den Überblick, was sonst noch möglich ist.

Träume sind keine Schäume. Als Kind wusstest du noch mehr um die magische Energie sowie um deine Verbundenheit, und du warst dir, ohne vom Verstand beeinflusst zu sein, über so vieles mehr bewusst und gewahr. Als Kind trugst du noch mehr der wahren Energie des Lebens in dir, die du in der Natur spürst, vollkommen ohne Bewertung. Es ist eine heilende, fürsorgliche, nährende, freudvolle, leichte, kreative, aufbauende, ausdehnende und absolut präsente (um nicht zu sagen … „orgasmische") Energie. Sie macht den Körper lebendiger.

Anna: Was ist deiner Meinung nach in der heutigen Zeit der Grund, dass die meisten Menschen ihr Leben faktisch nur ÜBERleben, anstatt es zu ERleben? Was darf sich ändern?

Simone: Als ich vollkommen „Ja" zum Leben, zu mir und zu meinem Körper sagte, beobachtete ich, wie viele Menschen im Prinzip gar nicht wirklich leben (so wie ich früher auch – es war mehr funktionieren, überleben statt ERleben), sondern eine Maske tragen und sich selbst nicht wirklich wahrnehmen. Durch meine Nahtoderfahrung erkannte ich, als hätte mich jemand aus einem Tiefschlaf wachgerüttelt, dass ich die Wahl habe. Ich habe eine Wahl, mein Leben zu gestalten, und somit wählte ich, es zu ERleben anstatt zu überleben. Ich wollte mein Leben ab dem Moment lebendig und freudig leben und mein größtmöglicher Beitrag für meine Familie sowie für andere Menschen sein. Ich will strahlen, ich will leuchten und diese lichtvolle Energie anderen zugänglich machen, um ihr Leben, ihr wahres SoSein, wirklich zu leben, denn die Magie dieser Energie ist einfach nur „kosgasmisch" (kosmisch und orgasmisch) ... Es lässt sich damit so viel Schönes hier auf Erden kreieren. Viele Menschen haben das Überleben statt Leben im Fokus, da ihre Orientierung und ihre Aufmerksamkeit nicht auf der Kohärenz mit der Herzenergie (Humpunkt) liegen und sich ihre Realität dadurch auf den Körper und das Materielle begrenzt. Durch mein in aller Welten Unterwegssein treffe ich beispielsweise auf finanziell (also wieder materiell) gesehen „Arme", die einen Wohlstand ausstrahlen, weil sie mit ihrer Natur und ihrem SoSein im Einklang sind, was wiederum verdeutlicht, dass das Leben nicht von Geld oder Materiellem abhängig ist, sondern, dass das Leben aus dem Moment und der Präsenz im Hier und Jetzt der wahre reiche Schatz ist.

An dieser Stelle werde ich oft gefragt:

„Was machst du, um diese Gelassenheit zu haben, auch wenn eine Situation eine Herausforderung ist und zwangsläufig Emotionen freisetzt?"

Dafür darfst du Folgendes verinnerlichen: Emotionen sind die niedrigeren Harmonien unseres Seins. Wähle ich mehr von meinem Sein, habe ich weniger Emotionen und mehr von Gelassenheit. Mit Emotionen versuchen wir zu beweisen, welch großes Wesen wir sind. Wir wurden auf Emotionen konditioniert anstatt auf ein harmonisches Sein. Emotionen werden verwendet, um die Intensität des Seins zu beweisen. Wenn sich das eine konditionieren lässt, kann das andere auch trainiert werden. Stimmst du mir zu?

Anna: In globalen Krisenzeiten, wie aktuell während der Corona-Pandemie, sind viele von uns mit Ängsten konfrontiert – existenzielle Ängste, Ängste vor der Zukunft, aber auch Ängste vor Krankheit, Verlust und Tod. Siehst du in unseren Zeiten auch eine Chance auf ein globales Umdenken? Dass die Menschen dadurch wichtige Erkenntnisse für ihr Leben und die Welt gewinnen?

Simone: Ja, durchaus. Im irdischen Dasein existiert die Dualität und ermöglicht jedem Menschen frei zu wählen, um mehr Bewusstsein zu erhalten. Wir befinden uns, wie von manchen auch als *„Erneuerung des Goldenen Zeitalters"* benannt, in einer Phase, in der höchste Entfaltung oder eine Glanzzeit möglich sind. Dadurch, dass auch verschiedenste Medien als Transportmittel von Informationen dienen, werden auch jene Aspekte des Lebens benannt, die nicht mehr präsent in den Wortschätzen und Taten von vielen Menschen sind. Jeder, der sich als einzigartiges, unendliches Wesen erkennt und mit Bewusstsein seine Herzenswahrheit lebt, ist ein Beitrag zum globalen Umdenken oder erschafft eine andere Welt, als wir sie aktuell kennen.

Kreation ist eine Wahl, und wann immer du wählst, kreierst du. Sobald du aus deinem lichtvollen Herzen heraus wählst, unterstützt dich die Energie des Universums dabei. Es geht nicht um das „Wie", es geht um die sanfte, räumige Bitte. Bemerkst du die Leichtigkeit davon? Genau das versteht man unter dem Satz *„Bittet, und ihr werdet empfangen."* Wenn Ablenkungen in Form von Angst vor Krankheit, Zukunft, Verlust und Tod hochkommen, die dein wirkliches SoSein begrenzen, wird sich dir eben diese Leichtigkeit zeigen, und du wirst etwas tun können, um eine andere Wahl zu treffen, bzw. einen Körperprozess oder eine andere Technik laufen zu lassen, der oder die dir dienlich ist. Wie viel Angst verspürst du noch, wenn du weißt, dass alles, worum du von deinem lichtvoll herzlichen SoSein her erbittest, sich verwirklicht? Und wie viel weniger Ängste kannst du haben, wenn du weißt und es verinnerlichst, dass dein Körper eine an eine bestimmte Zeit gebundene Verkörperung des ewigen Lebens ist? Gibt dir das nicht gerade eine gigantische Portion an innerem Frieden?

Es gibt Situationen, da sind gefühlt ein paar Herausforderungen da. Hierfür gibt es Tools, wie z. B. in die Frage gehen: *„Was kann ich tun und sein, um aus dieser Situation zu gehen und wieder etwas zu erleben, was bestärkend, leicht, freudvoll ist?"*

Es empfiehlt sich außerdem, einen Schritt zurückzutreten in eine Beobachterrolle und die Situation von einem anderen Winkel aus zu betrachten (austreten aus der Verstandeskarussell-Situation), als nächstes hinzuschauen, ob es sich hierbei wirklich um eine Situation handelt, die es wert ist, noch länger emotional geladen, sich damit auseinanderzusetzen. Wenn der Verstand weiterdreht, setze ein klares STOP – was ist der Wert daran, was ist der Beitrag dieser Situation, wenn ich sie als belastend, schwer, beengend empfinde? Lege nun den Fokus darauf, wo du Entspannung finden kannst, was dir jetzt mehr Freude macht und was dir mehr Leichtigkeit gibt.

Eine weitere Variante, die dir zur Verfügung steht, wenn du in einer Emotion feststeckst, ist, dieser für eine festgelegte Zeit (wie z. B. für zwei Minuten beim Zähneputzen) oder Distanz (z. B. beim Autofahren bis zur nächsten Ampel) deine komplette Aufmerksamkeit zu schenken, damit sich diese Emotion nicht manifestiert und dabei irgendwo in deinem Körper festsetzt. Erlaube es der Emotion, einfach mal da zu sein; sie gehört zu unserem irdischen Erleben, damit wir Bewusstsein erfahren und wählen können. Eine Abmachung, die ich mit meinem Mann habe, ist, sobald wir länger als zehn Minuten in einer emotionsgeladenen Situation sind, geben wir unsere Aufmerksamkeit auf unsere Körper und tun uns etwas Wohltuendes, wie zum Beispiel das Kopf-Knopfdruck-Tool nach SymphonyAwareness®, was sogleich die Situation entspannt und ändert. Das Gehirn kann sich genauso entspannen wie alle anderen Muskeln, wenn wir diese durch Berührung in den Zustand der Entspannung versetzen. Durch die Berührung wird ein Muskel weicher, die Verspannung vergeht. In diesem entspannten Zustand ist es viel einfacher, sich der Situation hinzugeben und sich in die Situation hinein zu entspannen. Die Dankbarkeit, die du in diesem Moment empfinden kannst, schenkt deinem Leben Gelassenheit, Humor, Freiheit, Freude und Leichtigkeit. Du kommst aus der körperlichen Schwere hinaus. Aus einer Blockade heraus kannst du nicht Neues kreieren, wie beispielsweise in Prüfungssituationen. Wenn wir uns an Schwere gewöhnen können, können wir das andere, die Freude, Leichtigkeit und die Gelassenheit ebenso trainieren. Die Frage ist immer: Wohin lege ich meinen Fokus? Was will ich wirklich für mein Leben?

Anna: Wie stehst du zum Tod? Was kannst du Menschen auf dem Weg mitgeben, die Angst vor ihrem eigenen Ableben bzw. vom Tod ihrer Liebsten haben?

Simone: Der Tod lässt sich nicht absagen oder verschieben. Wenn du vor dem Tod Angst hast, lenkst du deine Energie und deinen Fokus darauf, den Tod zu erwarten, was wiederum verhindert, dass du dein irdisches Leben bewusst lebendig lebst. Ängste vor dem Tod oder vor Verlust führen zur Frage *„Wenn du Angst vor dem Tod oder Verlust hast, ist es Schmerz, oder ist es Vermeiden von etwas, was dein Körper dir aufzeigen möchte, was du noch nicht lebst?"*

Angst und Schmerz sind Intensitäten, die dein Körper dir als Information gibt. Möglicherweise hast auch du schon mal Gewahrsein fälschlich identifiziert und als Schmerz missgedeutet? Hierzu ein Beispiel zur Verdeutlichung:

Vor meiner Nahtoderfahrung litt ich oft und viel an diversen Schmerzen und hatte aufgrund limitierender, schwieriger und beengender Situationen auch schon einmal Todessehnsucht, bis ich erkannte, dass mein Körper diesen Schmerz immer dann zeigte, wenn ich etwas von dem, was ich wirklich bin und wollte, nicht wirklich lebte. Auch heute kommt das noch vor, wenn auch sehr selten und wenn, dann nur für einen flüchtigen Moment, da ich sofort hinschaue, wo und was ich nicht lebe, was von meinem SoSein gelebt werden will. Durch die Intensität des irdischen Lebens aus dieser Sichtweise und mit der tiefen Dankbarkeit für jeden Moment ist das Bewusst- und Gewahrsein so ausgedehnt, dass die Verbindung zum Körper gegeben ist. Die meisten von uns geben diese Verbindung zum Körper als Kind ab. Als Kind wusstest du, wann und was du essen wolltest, du wusstest, wann und was du trinken wolltest, du wusstest, wann du schlafen wolltest, doch den meisten von uns wurde das nicht ermöglicht. Du als grenzenloses Wesen isst, trinkst, schläfst nicht, es ist dein Körper. Als Kind kennst du Angst vor dem Tod noch nicht.

Hier liegt auch der Schlüssel, um keine Angst vor dem Tod oder dem Verlust von Liebsten zu haben. Wenn du dein Leben mit Bewusst- und Gewahrsein mit deinem Körper lebst, ist es so intensiv schön, freudvoll, leicht und magisch, sodass du den Moment des Verlassens des Körpers als einen Übergang in ein noch größeres Sein wahrnimmst. Die Kommunikation, Literaturbeziehung oder Auseinandersetzung mit Tod, Sterben und wie Nahtoderfahrene diesen Übergang erlebten, kann zusätzlich Erleichterung und Entspannung erschaffen.

Dient dir diese Antwort, liebe Anna, oder braucht es noch mehr als das?

Anna: Danke, liebe Simone, für deine herzergreifenden Ausführungen. Ich bin mir sicher, dass sie unseren Leser*innen auf wundersame Weise neue Horizonte und Blickwinkel eröffnen. Aus meiner eigenen Betroffenheit heraus erlebe ich aktuell vermehrt die Konfrontation mit den Gedanken rund um den Tod und der Frage nach dem Sinn all der begleitenden Ängste und Schmerzen, die meinen Alltag prägen.

Simone: Hier bringst du mich zu einer Frage an dich, liebe Anna: Wie gehst du in deiner Situation mit der Diagnose „Hirntumor" und Tod, Sterben um?

Anna: Hierfür teile ich gerne mit dir und unseren Leserinnen und Lesern einen kurzen Einblick in eine Momentaufnahme, als ich diese zerschmetternde Diagnose zum ersten Mal zu hören bekam.

Wir schreiben einen trüben Spätwintertag. Ich liege in einem nicht gerade bequemen Spitalsbett auf der Neurochirurgie-Station des Wiener Allgemeinen Krankenhauses. Alles tut mir weh, und ich fühle mich sehr schwach. Der Kardiomonitor piepst in einem mal mehr, mal weniger regelmäßigem Rhythmus vor sich hin, und die Tropfen der Infusionen schließen sich diesem Rhythmus gewissermaßen an. Ich versuche, meinen Kopf leicht zur Seite zu drehen und einen Blick aus dem Fenster zu wagen. Die Welt scheint aktuell aufgrund der globalen Corona-Pandemie stillzustehen. Mein Kopf pocht vor Schmerzen und vor einer Flut an Gedanken. In jedem Moment sollte ein Ärztestab hier auftauchen und mir endlich das Ergebnis der operativen Tumorbiopsie und einer Vielzahl anderer Untersuchungen mitteilen. Warum dauert das bloß so lange, verdammt noch einmal ...?

Schließlich öffnet sich Tür, und zwei Männer betreten mein Zimmer. Sie tragen zwar einen Mund-Nasen-Schutz und ein Gesichtsschild, dennoch kann ich dem Ausdruck ihrer Augen entnehmen, dass ich sogleich keine berühmte Nachricht übermittelt bekomme ... Der Kardiomonitor verrät meine Aufregung mit einer Steigerung der Piepsfrequenz.

Frau Magister, es tut uns sehr leid, aber wir haben leider keine gute Nachricht für Sie.

Ich erstarre sowohl äußerlich wie auch innerlich. Es folgt eine Reihe von medizinischem Gedöns, bis schließlich die Diagnose fällt: anaplastisches Astrozytom, WHO-Grad III, inoperabel aufgrund seiner höchst ungünstigen Lage.

Mir scheint, als hätte jemand die Zeit angehalten und mir mit einer schweren Pfanne mit voller Kraft gegen den Kopf geschlagen. Was hat der da gerade bitte gesagt? Ich habe Krebs? Er ist inoperabel? Ich werde sterben? Verdammt, ich bin gerade einmal etwas über 30 Jahre alt und werde sterben?

Auf meine Lippen drängt sich die wohl typischste aller Fragen, die jedem Patienten durch den Kopf schießt, sobald sie die Diagnose „Krebs" hören:

Herr Doktor ... Wie lange habe ich noch zu leben?

In dem Moment, wo ich diese Frage stelle, bereue ich es auch gleich wieder. Vor allem, als ich die Antwort höre:

Statistisch gesehen liegt die Lebenserwartung bei Ihrer Art von Tumor um die drei bis fünf Jahre, und diese werden für Sie ziemlich herausfordernd sein.

Die Worte des Arztes hallen in meinen Ohren nach. Im ersten Moment bin ich erleichtert, dass es nicht drei bis fünf Monate sind. Jedoch kann ich es einfach nicht glauben … Drei bis fünf Jahre? Nurmehr drei- bis fünfmal Weihnachten mit meiner Familie feiern? Nurmehr drei- bis fünfmal den Hochzeitstag mit meinem Mann zelebrieren? Nurmehr drei bis fünf Jahre lang meiner Leidenschaft als Organistin nachgehen? Nurmehr drei bis fünf Jahre lang Menschenleben mit meinem Herzensbusiness bereichern? Drei bis fünf Jahre in Höllenqualen zwischen kaum aushaltbaren Schmerzen, Chemotherapie, Bestrahlung, Medikamenten-Cocktails, epileptischen Anfällen und Haarausfall?

Nein! Sicher nicht mit mir!

Die Antwort, die ich den Ärzten daraufhin erteile, schenkt mir eine Menge Kraft und Mut:

Danke für Ihre ehrliche Antwort und Einschätzung, Herr Doktor. Jedoch lasse ich mir nicht von irgendeiner Statistik vorschreiben, wie lange ich angeblich noch zu leben habe und wie dieses Leben auszusehen hat.

Mein Credo lautet nun seit dieser Diagnose glasklar: *„Jetzt oder nie!"*. So viele wundervolle Menschen da draußen hadern mit sich und der Welt. Sie trauen sich nicht, mit ihrem wahren Sein nach außen zu gehen und Dirigent ihres eigenen Lebensorchesters zu sein. Ich persönlich finde es unfassbar traurig, dass es so viele großartige Menschen gibt, die bei dem kleinsten Hindernis ihre Träume, Ziele und Visionen aufgeben und in alten Glaubenssätzen sowie Paradigmen verharren. Dadurch stehen sie sich selbst am allermeisten im Weg und versperren sich de facto die Autobahn zu ihren Träumen. Es liegt nämlich immer an uns, was wir aus den Begebenheiten und Schicksalsschlägen, die uns im Laufe unseres Lebens heimsuchen, machen. Wir sind es, die immer die Wahl haben.

Natürlich begleiten auch mich seit meiner Diagnose zahlreiche Entweder-oder-Fragen. Hier mal eine kleine Auswahl davon:

Sterben ODER leben?

Aufgeben ODER weitermachen?

Angst haben ODER vertrauen?

Mich zurückziehen ODER gerade jetzt das Leben auskosten?

Mich auf die Schmerzen und das Leid fokussieren ODER auf die tausenden wundervollen Dinge, die mir darüber hinaus jeden Tag begegnen?

Mit meiner Kernbotschaft niemals rausgehen ODER sie genau jetzt mit der Welt teilen?

Mein Business auf Standby setzen ODER genau jetzt das Gaspedal bis zum Anschlag drücken?

Und ja – meine Wahl fiel tatsächlich auf das Leben, auf Weitermachen, Vertrauen, gerade jetzt das Leben auskosten, mich auf die Sonnenseiten des Lebens fokussieren, meine Herzensbotschaft in die Welt tragen und mein Business genau jetzt auf das nächste Level heben.

Und sollte es tatsächlich in diesen drei bis fünf Jahren so weit sein, dass ich für immer meine Augen schließe (wovon ich jedoch weiterhin nicht ausgehe), dann weiß ich wenigstens, dass ich mein Leben wahrhaft GELEBT habe, anstatt es nur zu überleben.

Mein Appell lautet also an dich, liebe Leserin, lieber Leser:

Du bist so viel mehr als irgendeine blöde Statistik. Du bist so viel mehr als all die Glaubenssätze, die du vielleicht noch in dir trägst. Du bist so viel mehr als deine Vergangenheit. Du bist so viel mehr als deine Zweifel und Ängste. Du trägst bereits alles in dir, was es dir erlaubt, dich aus dem noch so schwärzesten Tief in deinem Tief zu erheben, deine Flügel auszubreiten und zu fliegen.

Die Wahl dafür jedoch darfst du selbst treffen, wozu ich dich von ganzem Herzen ermutige. Die Welt braucht dich nämlich, und das sehr.

Anna: Welche Kernbotschaft möchtest du deinen Leser*innen am Ende noch mitgeben?

Simone: Mit deiner wahren Wirklichkeit und Dankbarkeit lebst auch du ein anderes Leben.

Zu wählen, du zu sein, führt dich zu dir, in deine Tiefe deines wirklichen Seins. Dort, in diesem Dasein, liegt der einzigartige Schatz, der Unvergleichbares bereithält, empfängt und kreiert.

Und was gestern war, hat heute keine Gültigkeit mehr. Was morgen ist, ist noch nicht da. Das Jetzt, den Moment gelebt, ist wirklich wahres SoSein. Dein Leben ist das großartigste Geschenk, das dir gegeben wurde.

An dieser Stelle danke ich dir, wundervolle Anna, für deine tiefgehenden Fragen, dass wir uns unmaskiert begegnen und in grenzenloser Verbindung stehen aus dem Moment heraus.

Möglicherweise erscheinen dir meine Worte noch etwas wenig greifbar, liebe Leserin und lieber Leser, und dein momentanes Leben fällt dir nicht so leicht, wie du es dir wünschen würdest. Vielleicht fühlst du dich „mütend" (müde und wütend) und möchtest erfahren, auf welchem Wege du wieder zu dir und deinem wahren Sein findest?

Ich lege dir abschließend in diesem Kontext noch folgende Fragen ans Herz:

„Was ist das? Wem gehört das? Ist es meines, ist es von jemandem anderen oder etwas anderes? Kann ich es ändern? Was kann ich ändern?"

Es geht darum, die Fragen nicht aus dem Verstand heraus beantworten zu wollen, sondern die Inspiration zu empfangen und vom Herzen geleitet zu handeln. Der Fokus lautet, auf dich selbst zu vertrauen, bei dir zu bleiben, und darin liegt zugleich das Magische. Diese Energie zu sein, hilft dir, mehr und mehr zu Bewusstsein und Gewahrsein über deine Einzigartigkeit, deine Verbundenheit und die Einheit zu erhalten.

Letztendlich gibt es keine Technik, keine Methode, keine Praxis, die besser oder schlechter ist. Auch hier dient eine Frage:

„Wer oder was ist das, was ich jetzt empfangen kann und mir gibt, was für mein Sein, meinen Körper und die Welt mehr kreiert?"

Ich gebe mein Bestes, um andere Menschen zu begleiten, ihr SoSein für sich zu entdecken. Ich bin da, um Menschen in ihrem SoSein zu bestärken und sie zu bemächtigen, dieses zu leben. Wenn wir mehr Bewusstsein und Gewahrsein mit unserem Körper haben, können wir unser Leben wie auch die Welt, in der wir leben, transformieren. Wenn wir physisch aus den Limitationen hinausgehen, verändert sich die Wirklichkeit. Mit diesem Gewahr- und Bewusstsein können wir die Magie empfangen, wo wir genug bewusst Neues für uns kreieren können, sodass wir die Möglichkeiten vergrößern, aus den Dramen, Traumata und „Ver-Rücktheiten", die uns in unserem Leben widerfahren, eine augenblickliche Transformation zu erschaffen. Es geht darum, dass du wirklich dein Selbst lebst und dir dadurch bewusst und gewahr bist, was du alles tun und sein kannst. Es ist so viel mehr, als du jetzt bist. Bewusstsein und Gewahrsein sind die Möglichkeiten, all die Limitationen und Grenzen zu verkleinern, die Separation erschaffen.

Was braucht es, damit das Wirklichkeit wird? Was es wirklich braucht, ist, dass du für dich und deinen Körper wählst.

Ich freue mich, wenn ich dir begegne und du mir erzählst, wie diese Zeilen deinem Leben eine augenblicklich transformierende Wende gegeben haben. Was ist seitdem bei dir, mit dir und deinem Körper geschehen? Was hast du für dich erkannt? Wovon hast und bist du mehr?

Ich freue mich, dir sehr bald persönlich zu begegnen und danke dir, dass du dein SoSein wahrnimmst und deine grenzenlose Einzigartigkeit zu leben wählst.

Bis ganz bald auf SymphonyAwarenes® unter *www.symphonyawareness.com* oder gerne per E-Mail an *simone@symphonyawareness.com*, und fühle dich herzlich eingeladen zu *www.raumfuerherzensenergie.com*.

Hier findest du weitere Angebote in Zusammenarbeit mit anderen Coaches und Trainern.

Vereinbare gerne jetzt dein unverbindliches Gespräch mit mir, damit ich dich herzvoll, ganzheitlich und mit Präsenz mit dir und deinem Körper begleiten kann und auch du deine einzigartige Energie zum grenzenlosen Fließen bringst, ohne in Vergangenem festzustecken. Dieses Gespräch ist für dich kostenlos und unverbindlich!

Es ist an der Zeit, dein Leben zu leben. Es ist eine Wahl entfernt. Wann triffst du sie?

Aus tiefstem Herzen unterstützt Simone Schraner seit vielen Jahren Menschen in ihren Transformationen, sodass ein neuer Raum für eine leichte und freudvolle Zukunft entsteht. Ihre Herzens-Energie besteht darin, Menschen zu bestärken, über sich hinauszuwachsen und in liebevoller Eigenverantwortung ihr Leben vertrauensvoll und in tiefer Verbundenheit zu gestalten. Sie bietet individuelle 1:1-Coachings und -Trainings an sowie Kurse, Workshops und Ausbildungen.

info@symphonyawareness.com

http://symphonyawareness.com

Das SAKE-Prinzip

Wie du dich auf den Weg machst und dein Leben und deine Karriere in die Hand nimmst

Anna Katharina Steiger

Ich bin Anna Katharina Steiger – Autorin, Trainerin und Hypnose Coach - und unterstütze ambitionierte Frauen dabei, ihre inneren und äußeren Fesseln zu lösen und so wahre Freiheit zu leben. Damit erhalten sie mehr Anerkennung, mehr Wertschätzung und mehr Be(Lohn)ung.

Ich selbst schaue auf fast 40 Jahre Berufstätigkeit zurück und habe – unüblich für meine Generation – alle zwei bis drei Jahre entweder meine Position oder das Unternehmen gewechselt. Dabei habe ich zum Teil meine männlichen Kollegen überholt und zum anderen wurde ich durch Mentorinnen an die Hand genommen, die mich einen Teil des Weges begleiteten und mir im entscheidenden Moment die Hand reichten und sagten „Spring! Ich halte dich!"

Meine erste Jobentscheidung traf ich an der Universität und beendete nach vier frustranen Semestern mein Elektrotechnikstudium an der RWTH Aachen, auch wenn diese Entscheidung auf Unverständnis und Missfallen, vor allem meiner Familie, traf.

Mein letzter Job-Wechsel begann mit einer „fristlosen Kündigung" durch unseren Franchise-Geber. Ich verlor damit nicht nur meinen Job, sondern auch ein Unternehmen und eine sechsstellige Geldsumme.

Ich erinnere mich noch heute:
Es ist der 6. Februar 2013 und es scheint ein ruhiger Bürotag zu werden, als es an der Tür klingelt. Wenig später kommt meine Sekretärin und rechte Hand mit einem Brief in mein Büro und ist ein wenig blass um die Nase, wie ich irritiert wahrnehme. Absender ist unser Franchise-Geber. Ich öffne den Brief und meine Hände beginnen zu zittern, mein Blut rauscht in meinen Ohren, das Herz schlägt hart gegen meinen Brustkorb.

Ich lese die ersten Worte, und im Betreff steht „Fristlose Kündigung".

Mit einem Schlag bin ich arbeitslos, mein Traum von einem Job, der mir wirklich Spaß macht, geplatzt. Was habe ich nur angerichtet? Ich wollte Trainerin werden und Menschen begleiten, dazu hatten wir - mein Mann und ich

- eine zweite Firma gegründet, doch das missfiel unserem Franchise-Geber, und so kam es zu der Kündigung.

Schlaflose Nächte folgen. Die Angst vor dem finanziellen Ruin, Schuld und Selbstvorwürfe plagen mich. Nächte, in denen ich nicht weiß, ob ich leben oder sterben will, in denen ich mir die Frage stelle, warum das alles passiert ist. Nächte, in denen ich eine Schuldzuweisung nach der anderen formuliere und alles und jedem die Schuld an diesem Desaster gebe.

Doch eines Nachts, als ich mich erneut im Bett hin- und herwälze, wird mir klar: Es ergibt keinen Sinn, die Ursache im Außen zu suchen. Ich trage die Verantwortung ganz alleine.

Und wenn ich die Verantwortung trage, dann kann ich auch Handeln und meine Karriere wieder in die Hand nehmen. Ich besinne mich also auf alte Strategien und beginne, zu handeln.

Heute bin ich die Person, die ich immer werden wollte. Ich habe meinen Traumjob gefunden, genieße Anerkennung und Wertschätzung. Ich lasse heute Menschen an meinen Strategien teilhaben, damit auch sie mehr Anerkennung und Be(LOHN)ung erhalten, vielleicht durch einen nächsten Karrieresprung oder durch ihren Traumjob.

Aus all meinen Erkenntnissen und Strategien habe ich für alle diese Menschen, also vielleicht auch dich, ein Wirkprinzip entwickelt.

Das SAKE-Prinzip!

SAKE ist auch ein japanischer Reisschnaps und wird als Getränk der Götter angesehen. Und ist es nicht wahrhaft göttlich, wenn auch du dich auf den Weg machst und deine Karriere in die Hand nimmst?

Das SAKE-Prinzip besteht aus vier Bausteinen:

- S   Standortbestimmung, denn wenn du nicht weißt, wo du stehst, kann du dein Ziel nicht definieren und erreichen.

- A   Authentizität

- K   Klare Kommunikation

- E   Entscheidung treffen, den Weg zu gehen, der dich zu mehr Anerkennung und Be(LOHN)ung führt.

In den folgenden Absätzen möchte ich die einzelnen Bausteine für dich kurz skizzieren. Du kannst mit der Anwendung dieser Bausteine bereits erste Schritte gehen und mehr Anerkennung für dein Wirken erlangen.

Standortbestimmung

Die Standortbestimmung ist deine Grundlage für alle weiteren Prozesse, denn wenn du nicht weißt, wo du stehst, wirst du den Weg zum Ziel entweder gar nicht oder nur mit vielen Umwegen finden.

Also ist es wichtig, zunächst zu klären:

- Wo stehst du gerade?

- Was bewegt dich gerade?

- Welche Dinge in deinem Leben möchtest du gerne verändern?

Vielleicht weißt du noch gar nicht, wie das alles gehen soll, und hast viele Fragen…

Lass es mich kurz anders erklären:
Stell es dir so ähnlich vor wie bei einem Navigationssystem im Auto.
Sagen wir, du möchtest mit deinem Auto nach München fahren. Aufgrund einer Störung des GPS oder weil du vergessen hast, den Flugmodus deines Mobiltelefons, mit dem du navigieren möchtest, auszustellen, ist es deinem Navigationssystem nicht möglich, deinen Standort zu bestimmen, von dem die Reise losgehen soll. Wenn das Navigationssystem jedoch deinen Ausgangspunkt nicht kennt, bedeutet das, dass es dir den Weg nicht anzeigen kann! Es wird dir noch nicht einmal eine grobe Richtung angeben, sondern schlicht und einfach den Dienst versagen, vielleicht noch mit dem Hinweis „Ich kann den Standort nicht bestimmen."

Genauso ist es mit deiner persönlichen Entwicklung oder Veränderung auch. Du benötigst einen Standort, um dein Ziel festlegen zu können und einen Weg dorthin zu planen.

Ein einfaches Tool für eine Standortbestimmung ist eine Bestandsliste. Nimm dir ein DIN-A4-Papier, lege es hochkant vor dir ab und ziehe in der Mitte einen geraden Strich, sodass zwei Spalten entstehen. Oben ziehst du einen waagerechten Strich, sodass du die beiden Spalten mit Überschriften versehen kannst.

Auf die linke Seite schreibst du als Überschrift „Was mich stört, nervt, ärgert… ". Dabei ist es egal, aus welchem Lebensbereich der Störfaktor kommt. Bitte betrachte wirklich alle Lebensbereiche: Privat, Beruf, Gesundheit, Familie, Freizeit, Weiterentwicklung, Fitness, Ernährung. Denn alle Bereiche haben Einfluss aufeinander. Wenn du etwa unzufrieden in deinem Job bist, so hat das früher oder später Auswirkungen auf deine Familie und deine Freunde, vielleicht auch auf deine Ernährung und damit auf deine Fitness und Gesundheit.

Fühle dich eingeladen, alles, was dir spontan einfällt, auf die Liste zu schreiben. Wenn ein Blatt nicht reicht, dann nimm ein weiteres dazu. Die Liste darf wachsen und sich entwickeln und selbst, wenn sich im Laufe des weiteren Prozesses noch Dinge ergeben, die dich stören, dann schreibe sie einfach später dazu.

In die rechte Spalte notierst du als Überschrift „Ergebnis" und schreibst zu jedem Punkt auf, wie das gewünschte Resultat aussieht, wenn der Punkt gelöst ist oder sich verbessert hat.

Wie soll das Ergebnis also aussehen, wenn der bisherige Zustand nicht mehr vorhanden ist?

Achte bei der Formulierung des Ergebnisses bitte darauf, dass du es positiv formulierst, also zum Beispiel „ich will eine Anstellung in einer anderen Firma" statt „ich will da nicht mehr arbeiten".

Vielleicht lässt du die Liste auch einfach einen Tag oder zwei deutlich sichtbar in deiner Wohnung liegen. Sei dir sicher, dass sich dein Unterbewusstsein mit den Fragestellungen beschäftigt und dir im Laufe der Tage noch weitere Punkte einfallen.

Es spielt zunächst überhaupt keine Rolle, ob du schon eine Idee hast, wie die Verbesserung oder Veränderung ermöglicht werden kann oder ob sie überhaupt umsetzbar ist. Setze dir für die Spalte „Ergebnis" keine Grenzen! Erlaube dir, wirklich groß und vor allem auch ein bisschen verrückt zu denken. Lass deiner Fantasie und deinen Träumen freien Lauf.

Durch die Beschäftigung mit der Liste werden dir nach und nach vermutlich Möglichkeiten einfallen, wie du etwas ändern kannst, denn dein Unterbewusstsein beschäftigt sich mit diesen Fragestellungen, auch wenn du gerade offensichtlich gar nicht daran denkst.

So wird diese Bestandsaufnahme dir dein Potenzial zur Veränderung aufzeigen und vielleicht auch schon den ein oder anderen Lösungsweg bereithalten.

Authentizität

Die häufigste Übersetzung von Authentizität ist Echtheit.

Doch was ist das eigentlich? Sicher kennst du Gesprächssituationen, in denen du ein ungutes (Bauch-)Gefühl hattest. Du konntest dieses Gefühl weder sachlich begründen noch genau definieren. Und dennoch warst du dir sicher, irgendetwas stimmt hier nicht. Häufig liegt das daran, dass die Körpersprache mit dem, was dein Gegenüber sagt und ausdrückt, übereinstimmt und ob das Gefühl, das er vermittelt, echt ist. Unser Bauchgefühl ist hier ein hervorragender Indikator.

Die Sozialpsychologen Michael Kernis und Brian Goldman[1] von der Universität in Georgia haben vier Kategorien festgelegt, die erfüllt sein müssen, damit wir uns und Andere als authentisch erleben:

- Bewusstsein
- Ehrlichkeit
- Konsequenz
- Aufrichtigkeit

Was bedeutet das nun für dich und deine Authentizität?

Wenn du dir deiner bewusst bist, dann kennst du deine Stärken und deine Schwächen und du weißt um deine Gefühle und deine Motive. Das bedeutet, du betreibst regelmäßig Selbstreflexion und kannst dein Denken und Handeln zum einen bewusst erleben und zum anderen bewusst beeinflussen.

Als Beispiel erkennst du, wenn du schlechter Laune bist. Außerdem kannst du für dich erkennen, was dich schlecht gelaunt macht und du bist in der Lage,

---

[1] Michael H. Kernis, Brian M. Goldman: A multicomponent conceptualization of authenticity. Theory and research, 2006.

dich mit guter Musik, einem Spaziergang oder was auch immer für dich hilfreich ist in gute Laune zu versetzen.

Ehrlich zu sein, vor allem dir selbst gegenüber, ist eine weitere Ausprägung für Authentizität. Das bedeutet im Umkehrschluss auch, dass du die weniger schönen Dinge an dir selbst ebenfalls annehmen darfst.

Die dritte Ausprägung - Konsequenz - spielt ebenfalls eine große Rolle. Verfolge deine Ziele konsequent und handle nach deinen Werten. Auch dann, wenn du dir Nachteile einhandelst. Das bedeutet nicht, dass du den Weg zu deinem Ziel nicht immer wieder überprüfen sollst, und gegebenenfalls auch korrigieren. Wichtig ist es, am Ziel dran und deinen Werten treu zu bleiben.

Aufrichtigkeit, als letzte der vier Säulen zur Authentizität, bedeutet, vor allem ehrlich sich selbst gegenüber und auch den anderen gegenüber zu sein. Sich Fehler eingestehen zu können und zu ihnen zu stehen, auch, wenn es schmerzt. Nur wer aufrichtig ist, redet und handelt ohne jede Falschheit und ist ohne versteckte Nebengedanken und Täuschungen.

Was bedeutet das nun für dich?

Erkenne deine wirklichen Werte und bewahre und lebe sie. Ziel ist nicht zu bleiben, wie du bist, sondern die Person zu werden, die du sein möchtest und dabei diese Version stetig zu verbessern. Du darfst Fehler machen, und diese sooft variieren, bis das richtige Ergebnis erzeugt wird.

Die Veränderung des Denkens und Handelns ist ein wesentlicher Zug der Authentizität. Auf der anderen Seite bedeutet Authentizität für dich auch, dass du deine Ecken und Kanten aus Sicht des Gegenübers hast. Das darfst du aushalten, genauso wie dein Gegenüber. Auch, wenn dein Gegenüber seine Ecken und Kanten zeigt, musst du bereit sein, damit zu leben und sie zu ertragen und vor allem wertzuschätzen. Bleib dir selber treu!

Denn dann wirst du

- Mehr Spaß im Leben haben, weil du es nicht mehr allen recht machen musst oder das Gefühl hast, dich zu verbiegen.

- Leichter Entscheidungen treffen, weil du dir keine Gedanken mehr darüber machst, was andere über dich und deine Entscheidung denken.

- Dich selbst mehr respektieren, weil du dich nicht mehr verstellen musst. Du brauchst mit deiner Meinung nicht mehr hinter dem Berg zu halten. Du kannst zu deinen Werten und Einstellungen stehen.

- Mehr Respekt von anderen erfahren, weil du von Anderen als jemand mit stabiler Meinung wahrgenommen wirst. Auch wenn du dann nicht von allen gemocht wirst, erhältst du von denen, die dich mögen, Achtung und Anerkennung.

- Erfolgreicher sein, weil du mit deinen Werten lebst, und damit im Flow bist. Das macht dich in Krisen resilient. Authentische Menschen sind beliebt und in der Regel hoch angesehen. Der Erfolg stellt sich dann auch häufig ein.

Wenn du wirklich authentisch bist, dann bist du auch in der Lage, deinem Umfeld zu kommunizieren, dass es dir nicht gut geht. Sei ehrlich mit dir selbst und nimm einen Zustand der Unpässlichkeit einfach an.

Klare Kommunikation

Kommunikation an sich ist ein Prozess, an dem immer mindestens zwei Parteien beteiligt sind. Auf die einfachste Form heruntergebrochen werden Informationen ausgetauscht, und alle Beteiligten erwarten ein Ergebnis.

So einfach, wie es sich hier anhört, ist es dann jedoch nicht. Du kennst bestimmt eine Reihe von Beispielen, in denen „simpler" Informationsaustausch ergebnislos endet, oder gar in Streit oder mindestens mit schlechten Gefühlen.

„Sage, was du meinst und meine, was du sagst!"

Im Rahmen meiner Trainerausbildung habe ich Leitsätze oder Grundannahmen der Kommunikation kennengelernt, die mich seither durch mein Leben begleiten und viele Situationen völlig anders aussehen lassen, als das vorher der Fall war. Durch diese Leitsätze betrachte ich Situationen aus unterschiedlichsten Perspektiven, und diese Vorgehensweise hat meine Reaktion in oder auf das Erlebnis deutlich verändert. Einige dieser Leitsätze machen mir auch den Umgang mit mir selbst und meinem Gegenüber leichter und lassen mich gelassener und ausgeglichener agieren. Diese Grundannahmen sind hilfreiche Glaubenssätze, die keinen Anspruch auf Wahrheit haben, dennoch ausgesprochen nützlich sind.

Die Landkarte ist nicht das Gebiet

Wir alle haben eine bestimmte Vorstellung davon, wie die Dinge sich gerade darstellen, im Kopf. Unsere Vorstellung resultiert aus unserer Vergangenheit, Erlebnissen, unserem Verhalten, Werten und Glaubenssätzen und ist zusätzlich geprägt von den Dingen, die uns gerade beschäftigen. Das beeinflusst unsere gesamte Wahrnehmung.

Wenn wir uns beispielsweise für ein neues Auto interessieren und wir wissen, welche Marke und welche Farbe oder welche Ausstattung uns gefällt oder nicht gefällt, dann begegnen uns plötzlich auf der Straße gehäuft genau diese Autos: Unsere Wahrnehmung wird gefiltert.

Diese Wahrnehmungsfilter helfen uns, die Umwelt mit all ihren Eindrücken wahrzunehmen und uns in ihr zurechtzufinden. Jeder Mensch hat einen anderen Blick auf die Welt und damit hat auch jeder Mensch eine einzigartige Landkarte seiner Welt im Kopf. Jede dieser Landkarten ist gut und richtig und hat ihre Daseinsberechtigung.

Für eine gelungene Kommunikation bedeutet das allerdings, dass du davon ausgehen darfst, dass dein Gegenüber möglicherweise eine völlig andere Landkarte im Kopf hat als du. Denn er hat völlig andere Erfahrungen gemacht, hat andere Werte und Glaubenssätze und ist vielleicht sogar in einer anderen Kultur aufgewachsen.

Es ist deshalb nützlich, festzustellen, wie die Landkarte deines Gegenübers aussieht. Durch Fragen und Nachfragen kannst du sie zunächst einmal kennenlernen und vor allem ihre Andersartigkeit respektieren. Hier gibt es kein gut oder schlecht, kein richtig oder falsch.

Die Bedeutung deiner Kommunikation zeigt sich in der Reaktion deines Gegenübers

Für das, was du sagst und wie es bei deinem Gegenüber ankommt, bist alleine du verantwortlich.

Das ist für viele Menschen zunächst einmal eine ungewohnte Sichtweise. Nicht nur der Inhalt der Kommunikation ist wichtig, sondern auch, die Verantwortung dafür zu tragen, dass der andere es auch versteht. Es kommt nicht darauf an, was oder wie du es gemeint hast, sondern wie es von deinem Gegenüber verstanden wird. Das ist ein sehr großer Unterschied, denn nun wirst du mit dem, was du sagst, auch achtsamer umgehen.

Das braucht ein bisschen Übung, macht viele Sachverhalte jedoch klar und verständlich. Wenn du in den nächsten Tagen einfach darauf achtest, was von dem, was du sagst, bei deinem Gegenüber tatsächlich ankommt, dann wirst du die unterschiedlichsten Erfahrungen machen. Am einfachsten kannst du es austesten, wenn du Fragen stellst. Achte darauf, ob du eine Antwort bekommst auf das, was du gefragt hast, oder ob dein Gegenüber irgendetwas antwortet, was vielleicht gar nichts mit deiner Frage zu tun hat.

Du wirst feststellen, dass viele Menschen einfach irgendetwas antworten, in der Regel, weil sie dir nicht zuhören.

So, was bedeutet das nun? Du kannst davon ausgehen, dass diese Prozesse bei dir ähnlich ablaufen und auch du manchmal komische Antworten gibst.

Ein kleiner Trick, mit dem du die Kommunikation präziser gestalten kannst, ist die Nachfrage an dein Gegenüber: „Habe ich dich richtig verstanden, dass …" Wenn du jetzt eine merkwürdige Antwort erhältst, dann frage so lange weiter, bis du eine präzise Antwort hast.

Jedes Verhalten hat eine positive Absicht

Diese Grundannahme ist für mich eine der zentralsten für gelungene Kommunikation. Wenn wir davon ausgehen, dass jedes und wirklich jedes Verhalten eine positive Absicht hat, dann stellt dies zunächst unsere Welt ein Stück weit auf den Kopf. Was bitte soll denn die positive Absicht daran sein, dass der Autofahrer hinter dir dich mit Lichthupe und Hupe auf die rechte Spur drängelt, oder welche positive Absicht verfolgt dein Chef, wenn er laut wird, weil du eine Aufgabe noch nicht erledigt hast?

Im Beispiel eins besteht gegebenenfalls die Möglichkeit, dass neben dem Fahrer auf dem Beifahrersitz seine schwangere Frau sitzt und das Kind in die Welt will, oder er dringend ins Krankenhaus will, weil ein Elternteil mit akutem Herzinfarkt eingeliefert wurde.

Im Beispiel zwei ist dein Chef vielleicht in Sorge, nicht fristgerecht alle Unterlagen für sein wichtiges Meeting zusammenzuhaben und hat Angst davor, den wichtigen Auftrag nicht zu erhalten.

Es lohnt sich, mit dieser Annahme durch die Welt zu gehen und öfter den Fokus auf die positive Absicht deines Gegenübers zu lenken.

Jeder handelt in der augenblicklichen Situation mit seiner besten Option

Es ist vielleicht schwer vorstellbar, dass jemand, der dich verärgert hat, dies nicht getan hat, um dich zu ärgern. Dennoch, wenn du alle Aspekte und Informationen zusammenträgst, die als Motivation deines Gegenübers vorliegen, wirst du in den meisten Fällen feststellen, dass das Verhalten, das bei dir so negativ ankommt, gar nicht so negativ gemeint war, leider jedoch „schlecht" ausgedrückt war.

Wenn ich heute denkwürdige Situationen erlebe, Situationen, bei denen ich im ersten Augenblick denke „so geht das nicht, das kann der/ die doch nicht machen", sei es im Supermarkt an der Kasse oder sonst irgendwo, betrachte ich die Situation zügig unter der Maßgabe der besten Option und zusätzlich mit der Frage: „Was ist oder war die positive Absicht?"

Insgesamt lässt mich dieser Gedanke dann ein erhebliches Stück gelassener werden. Ich verurteile nicht mehr. Probiere es selber aus und sieh, welche Wirkung dieses Verhalten hat!

Entscheidung

Der unabdingbare erste Schritt, um das zu bekommen, was du vom Leben möchtest, ist der: Entscheide, was du willst.

Entscheidungen zu treffen fällt uns häufig schwer, weil doch immer die Angst mitschwingt, ob ich mich auch für das Richtige entscheide. Entscheidung heißt auch, sich von einer Möglichkeit zu scheiden, also zu trennen.

- Treffe die Entscheidung nicht unter Druck oder wenn du gerade mit alltäglichen Belastungen konfrontiert bist. Gönne dir eine Auszeit mit Wellness oder spazieren im Wald.

- Vermeide Stress: Unter Stress treffen wir häufig impulsive Entscheidungen, die uns im Nachhinein leidtun.

- Treffe die Entscheidung gut gelaunt. Es ergibt keinen Sinn, nach einem Streit eine dein Leben beeinflussende Entscheidung zu treffen. Wer gut gelaunt ist, trifft die besseren Entscheidungen.

Eine Möglichkeit, die Entscheidungsfindung zu beschleunigen, ist es, eine Münze zu werfen.

Wenn offensichtlich nur zwei Möglichkeiten auf der Hand liegen, rechts oder links, schwarz oder weiß, selbstständig oder angestellt, und du so vor die Wahl gestellt wirst, fällt es manchmal schwer zu entscheiden, was die richtige Möglichkeit ist. Das bedeutet nicht, dass du dich nicht im Vorfeld mit beiden Möglichkeiten auseinandergesetzt hast und alle notwendigen Informationen gesammelt haben solltest.

Wenn du also zwei Auswahlmöglichkeiten hast, dann bestimme, welche dieser Möglichkeiten bei der Münze auf Kopf oder Zahl liegt. Wirf nun die Münze und schau dir das Ergebnis an.

Wenn du jetzt in deinem Inneren denkst: „Oh Mist, ich hätte lieber das Andere gehabt", dann nimm das Andere. Denkst du „oh prima, das ist genau richtig!", ja, dann ist es genau richtig.

Unser Unterbewusstsein kennt längst die richtige Lösung. Wir tendieren dann auch zu dieser Lösung, wollen die Entscheidung dazu jedoch (noch) nicht treffen. Die Münze dient lediglich dazu, den Prozess für die Entscheidung voranzutreiben, statt noch weitere Tage und Nächte über der Entscheidung zu brüten. Wichtig ist, wie du dich nach dem Münzwurf fühlst und dass du aus diesem Gefühl die richtige Entscheidung ableitest.

Häufig stellt sich bei längerem Nachdenken heraus, dass es nicht nur zwei Möglichkeiten gibt, zwischen denen du dich entscheiden darfst. In den meisten Fällen gibt es auch immer noch eine dritte Möglichkeit und, wenn die erst gefunden ist, dann stellt sich auch oft noch eine vierte oder fünfte Möglichkeit ein. Und schon ist es keine Entscheidung mehr, sondern eine Auswahl zwischen mindestens drei Möglichkeiten. Um Zugang zu einer dritten, vierten und fünften Möglichkeit zu bekommen, kannst du entweder mit jemanden sprechen und ihm oder ihr von deiner Entscheidungsnot erzählen. Am besten ohne, dass diese Person das kommentiert. Sie soll dir einfach nur zuhören.

Wenn du darauf konzentriert bist, die verschiedenen Wahlmöglichkeiten zu entdecken und sie für dich und dein Gegenüber zu formulieren, sortieren sich deine Gedanken. Während du deine Gedanken aussprichst, entdeckst du die Lösung oft von ganz alleine. Jede Anmerkung oder Intervention durch dein Gegenüber unterbricht deinen Gedankenfluss, lenkt dich eventuell ab und verhindert damit vielleicht auch die Lösungsfindung.

Ich bin schon vielfach aus solchen Monologen mit dem Satz herausgegangen: „Schön, dass wir darüber gesprochen haben!", obwohl der andere gar nichts gesagt hat.

Trotzdem lag die Lösung plötzlich auf der Hand.

Nun bist du schon ein wenig vertraut mit dem SAKE-Prinzip und kannst dich auf den Weg machen zu mehr Anerkennung für dein Wirken.

Ich wünsche dir dabei viel Erfolg und freue mich, wenn du mich an deinen Ergebnissen teilhaben lässt.

Anna Katharina Steiger ist Autorin, Trainerin und Hypno-Coach und unterstützt als *PotentialSTEIGERin* ambitionierte Frauen dabei, ihre inneren und äußeren Fesseln zu lösen und ihre wahre Freiheit zu leben, ohne schlechtes Gewissen. Weg von MÜSSEN müssen und FUNKTIONIEREN müssen hin zu „Mehr WERTschätzung, mehr BeLOHNung, mehr LebensFREUDE.

2010 machte sie ihre ersten Erfahrungen mit Persönlichkeitsentwicklung. Und in ihr brach sich der Wunsch Bahn: „Das ist es, du willst Menschen bewegen und nach vorne bringen. Sie sich entwickeln sehen!" Es brauchte schließlich seine Zeit der echten Tiefschläge bis hin zum Verlust einer sechsstelligen Summe, bis sie in ihr (Berufs-)Leben 2.0 durchstartete: Heute ist sie Mentorin und **PotentialSTEIGERin** aus Leidenschaft. Zusammen mit ihrem Mann lebt sie im Dreiländereck D-NL-B in der Nähe von Aachen.

Kontakt:
kontakt@kopfarbeit.jetzt
https://kopfarbeit.jetzt

Mobil: 0171 6223603

Elternschaft heute – gefangen zwischen Erwartungen und Schuld?

Ute Wagner

„Die Eltern sind die kompetentesten Fachleute für ihre Kinder". Diese Ansicht vertritt Susanna Schmid-Giovannini in ihrer Erziehung von hörgeschädigten Kindern zur Lautsprache. Auch ich vertrete diese Meinung, die von vielen als kontrovers wahrgenommen wird, aus eigener Überzeugung und Erfahrung. Sehr gern stelle ich sie on- und offline in den Raum und bin neugierig auf die Reaktionen meiner Umwelt.

Mein Name ist Ute Wagner. Ich bin 53 Jahre alt und habe in meinem bisherigen Leben sehr viele Erfahrungen mit dem Thema Elternschaft gemacht. Als Tochter, Mama und Oma erlebe ich sie aus verschiedenen Blickwinkeln. Insbesondere meine Mutterrolle ist besonders, denn meine Tochter ist gehörlos. Aus diesem Erleben entwickelte ich meine Mission als Therapeutin und seit 20 Jahren arbeite ich als Logopädin in eigenen Praxen. Täglich begegne ich Eltern und den Konflikten, mit denen sie im Alltag umgehen müssen. Nicht, weil sie sich schwertun, Eltern zu sein, denn es sind viele wunderbare Menschen, die ihre Kinder über alles lieben. Nein! Vielmehr ist es das Spannungsfeld zwischen gesellschaftlicher Erwartungshaltung und Schuldsprüchen, das die Eltern aufreibt.

Von allen Seiten werden wir als Eltern heute mit Informationen von sogenannten Experten geflutet. Was sollen wir tun oder müssen wir sogar tun? Wie müssen die Kinder bis wann entwickelt sein? Was wird erwartet von uns, was sind unsere Aufgaben? Fleißig müssen wir sein, lernen müssen wir und unsere Kinder auch. Wir müssen unterstützen und erziehen. Wann und wie, auch das wird uns erklärt und natürlich auch das, was alles nicht stimmt. Was haben wir falsch gemacht, wo haben wir Defizite, an welcher Stelle passen unsere Kinder nicht? Was sollen wir unbedingt besser oder anders machen? Welche Prognose gibt es für unsere Entwicklung, für die Entwicklung unserer Kinder und für unser aller Zukunft? Schon beim Schreiben dieser Flut von „müssen" und „sollen" bleibt mir die Luft weg und ich fühle mich davon erschlagen.

Meine Eltern aus Sicht meiner Kindheit

Gehen wir zurück in die Zeit meiner Kindheit. Die Kindheit ist die Zeit, in der die Eltern das Größte für uns Kinder sind und unsere Erwartungen an sie fast unerreichbar. Ich bin geboren in der DDR, in einer Zeit mit gesellschaftlich sehr klar geregelten Strukturen. Viele Stationen waren vorgegeben, wurden selten hinterfragt und genauso durchlaufen. Kindergarten, Schule, Ferien, Ausbildung, niemand konnte und durfte auf der Strecke bleiben, weil er es zum Beispiel verpasst hatte, einen Antrag zu stellen oder es ihm unwichtig schien. Als Familien hatten wir viel gute Zeit zum Leben. Unsere Wochenenden verbrachten wir in der Natur, im Wald, mit Tanten und Onkeln und jeder Menge aus heutiger Sicht unspektakulären, aber wunderschönen Aktivitäten.

Meine Eltern hatten engen Kontakt zu Erziehern und Lehrern, und auch wenn sie nicht mit allem einverstanden waren, verfolgten sie die gleichen Ziele und alle gingen gemeinsame Wege. Schulische Aufgaben waren so gestellt, dass wir sie als Kinder ohne unsere Eltern bewältigen konnten. Es gab Nachhilfe durch Schülerunterstützung. Das System wurde durch Erzieher und Lehrer geschaffen und funktionierte tadellos. Familien waren auf diese Weise gut entlastet. Am Nachmittag lief im Fernsehen noch ein Testbild und die Kinder aus der Nachbarschaft trafen sich fast täglich zu gemeinsamen Aktivitäten.

Ich selbst war schon damals ein sehr kritisches und rebellisches Mädchen mit ausgeprägt eigenständigem Denken und innerem Widerspruch. Mit meinem eigenen Kopf ausgestattet, hatte ich wenig Lust, in mich gesetzte Erwartungen an Leistung zu erfüllen. Damit passte ich immer seltener ins System und trotzdem stand vonseiten meiner Lehrer im Umgang mit meinen Eltern immer die Wertschätzung vor dem Schuldspruch. Aus heutiger Sicht waren die Herausforderungen, Arbeit und Beruf, Familie, Kinder und Schule unter einen Hut zu bekommen, sehr gut in unseren Lebensalltag zu integrieren.

Ich werde selbst Mama

Im Jahr 1987, mit Anfang 20, hat mein wildes Leben in der damaligen DDR ein Ende, ich werde selbst Mutter. Auch jetzt war alles gut geregelt und ich konzentrierte mich mit aller Liebe auf das kleine Wesen in meinem Bauch und die Freude und Spannung darauf, wie es als Mama sein wird. In den Strukturen der damaligen Mütterberatung wurden die Kinder beobachtet und Mamas erhielten kleine wertvolle Tipps und Bestätigung.

Staatlich geregelt genossen Mütter zwölf Monate Erziehungszeit ohne finanzielle Unsicherheiten und offene Fragen. Ich war also eine Zeit lang entspannte Vollzeitmama und frei von Sorgen, was als Nächstes kommen würde. Ich hatte auch jetzt Zeit zum Leben. Mir fehlte nichts und ich fühlte mich wohl in diesen klaren Strukturen.

Meine zweite Tochter brachte ich 1989 zur Welt. Kurze Zeit später begann die friedliche Revolution, und ein Jahr später wurde die DDR abgewickelt. Meine bisherige Firma wurde geschlossen. Mein Beruf als Elektronikfacharbeiterin war plötzlich nicht mehr gebraucht. Außerdem wurde bei meiner Tochter, sie war damals 13 Monate alt, eine an Taubheit grenzende Schwerhörigkeit diagnostiziert. Wir erhielten die Prognose, dass sie nie normal sprechen lernen würde, nie eine normale Schule besuchen könne und nie einen normalen Beruf erlernen würde. Alles war sonnenklar, und mir traute man nur noch zu, beim Amt Pflegegeld und einen Ausweis für Schwerbehinderte zu beantragen. Von einem Moment auf den anderen war ich konfrontiert mit der Tatsache, plötzlich allein und schockiert vor einer unbekannten Aufgabe zu stehen. Meine Familie konnte mir nicht weiterhelfen, denn sie verstand nicht, worum es ging. Keiner hatte Erfahrungen mit einer solchen Situation und auch die Ärzte und andere Fachleute hatten keine positiven Impulse oder Lösungsansätze für mich. Meiner Tochter wurde von einem Moment auf den anderen ganz selbstverständlich die Teilhabe am Leben abgesprochen, ohne dass irgendjemand aus den Fachkreisen auch nur darüber nachdachte oder sich die Mühe machte, mich in den Prozess miteinzubeziehen und nach Möglichkeiten zu suchen. Ich hatte die Wahl, mich den Gegebenheiten ohne

Entwicklungsmöglichkeiten für Romy, meine Tochter, hinzugeben oder meine Verantwortung zunächst alleine zu tragen. Auch wenn mein Umfeld versuchte, mir beizustehen, erfasste keiner die Tragweite dieser Diagnose und die Last, die ich von nun an auf meinen Schultern spürte. Woher auch? Schließlich hatte sich keiner von ihnen jemals in einer solchen Situation befunden. Mir selbst war das bewusst, meinem Umfeld leider nicht. So hagelte es Rat-SCHLÄGE, die sich immer wieder anfühlten wie schallende Ohrfeigen.

Was ich stattdessen brauchte, waren Menschen, die HIN-Hören und mir Raum gaben. Davon gab es sehr wenige. Das ist ein Phänomen, das ich bis heute beobachte. Menschen werden von anderen freimütig beurteilt, ohne dass die Situation hinterfragt wird, geschweige denn der Urteilende jemals wie der Beurteilte handeln musste. In meinem therapeutischen Alltag ist es weitverbreitet, die Eltern ziemlich schnell für die Probleme der Kinder verantwortlich zu erklären, anstatt gemeinsam und wertfrei Lösungen zu suchen und alle dort abzuholen, wo sie momentan stehen.

Ich war nun Mutter dieses gehörlosen Kindes und erfasste nur langsam, dass es für mich nur zwei Möglichkeiten gab: losgehen oder aufgeben. In der DDR wurde mir bisher alles vorgegeben, in der Schule, zu Hause, in meinem beruflichen Umfeld. Alles war sicher und klar geregelt. Diese Sicherheit gab es jetzt auch noch, aber dieser Weg war nicht mehr meiner. Und das gesellschaftliche Phänomen, immer der Masse zu folgen, war für mich plötzlich viel mehr eine verschlossene Tür und Begrenzung als Hilfe. Jetzt hatte ich die Aufgabe, meinen Weg alleine weiter zu gehen. Meinen Weg, den es noch nicht gab, den ich selbst noch nicht kannte und dessen Ziel es war, dass Romy hören und sprechen lernte.

Heute bin ich froh darüber, dass viele Menschen genauso wenig darüber wussten, wie es weitergehen sollte, wie ich. Das gab mir die Möglichkeit, mich selbst auszuprobieren, meine Ideen zu leben, umzusetzen und meinen eigenen Weg zu erschaffen und zu gehen. Zum einen stellte sich mir die Frage, wie ich mich beruflich weiterentwickeln würde, wie und wo ich einen Job finden konnte und wie viel Zeit mir als Mama für meine beiden Kinder blieb. Andererseits musste ich klären, welche Ziele ich hatte und wie ich mir Wissen aneignen und Hilfe erfahren konnte. Viele vorgegebenen Antworten gab es damals nicht und so hatte ich die Chance, mein Leben wirklich selbst in die Hand zu nehmen. Oft wünschte ich mir Hilfe und hatte das Bedürfnis nach Unterstützung von Menschen. Ich wünschte mir Menschen, die mir halfen, meine Verantwortung zu tragen, ohne sie mir gänzlich abzunehmen. Doch diese Menschen waren rar. Stattdessen stand ich oft im Regen und ich musste mich einem gnadenlosen Alleingang mit manchmal brutalem Verzicht auf ein eigenes Leben als Frau stellen. Gleichzeitig musste ich mich vor Verletzung und Enttäuschung schützen. Häufig bat ich vergeblich um Hilfe, aber scheinbar glaubte niemand wirklich an mich und scheinbar interessierte es niemanden, wie es meinen Kindern und mir als Mutter ging. Wurde ich als Mutter gar nicht gebraucht? Aus heutiger Sicht kann ich nicht mehr genau sagen, ob die Situation wirklich so war oder ob sich in meiner Wut und meiner Trauer dieses Gefühl so manifestierte. Ich fühlte mich unglaublich minderwertig, überflüssig und übersehen.

NEIN! Das stimmt so nicht ganz, doch damals fühlte es sich so an. Meine Eltern halfen mir, unser Kinderarzt, unsere HNO-Ärztin und auch unsere Kindertagesstätte. Der Rest meines bisherigen sozialen Umfeldes brach allerdings weg, denn ich sprach plötzlich eine andere Sprache, forderte Raum und Verständnis und ich hinterfragte. Schnell wurde ich anderen einfach nur unbequem. Ich war zu dieser Zeit ängstlich und misstrauisch, überfordert und immer auf der Suche nach Informationen, die meiner Tochter und mir weiterhelfen würden. Dafür nutzte ich pausenlos alle Möglichkeiten. Diese unbeschreiblichen, tiefen Gefühle überforderten viele Menschen in meinem Umfeld damals stark, weil auch sie keine Idee hatten, wie sie mit meinem neuen, veränderten ich umgehen sollten.

1992, drei Jahre später, traf ich auf dem internationalen Kongress für auditiv-verbale Therapie in Essen Susanna Schmid Giovannini. Sie ist Gründerin des internationalen Beratungszentrums für Eltern hörgeschädigter Kinder in Meggen in der Schweiz. Studiert bei der UNESCO, war sie mit Leib und Seele Pionierin in der Umsetzung des hörgerichteten Lautspracherwerbes bei Kindern. Sie warnte mich direkt zu Anfang: „**Wenn du anfängst, diesen Weg zu gehen, ist es so, als wenn du dich durch einen Puddingberg frisst. Du musst essen, essen, essen, bis du durch bist. Egal, ob du satt bist, egal ob es schwer ist, du musst immer weiter essen. Und irgendwann kommst auf der anderen Seite raus.**". Nun ja, ich mag Pudding überhaupt nicht - aber ich war bereit zu essen. Und zwar so lange, bis auf die andere Seite komme, dort, wo mein Kind endlich hören und sprechen kann.

1993 bekamen wir die erste Einladung von ihr zum einwöchigen Intensivkurs. Romy war damals fast vier Jahre alt und sprach kein Wort. Sie zeigte auf Dinge, gab Laute von sich und quietschte, statt zu sprechen. Von ihrer Umwelt wurde sie befremdlich betrachtet. Eine Woche lang hatte ich während des Kurses die großartige Chance, mir so viel Informationen zu holen, wie ich nur aufnehmen konnte. Ich durfte Eltern begegnen, die auf dem gleichen Weg wie ich waren. Dabei hatte ich für den Intensivkurs kein Geld und die Krankenkasse wollte nicht zahlen. Also beschäftigte ich mich mit Gesetzestexten und erklagte mir mit Unterstützung meiner HNO-Ärztin das, was meine Tochter dringend brauchte: eine wirksame Hör-Sprach-Therapie in der Schweiz.

Romys Hörschwelle lag bei 120 bis 130dB. Das ist ungefähr so laut, wie unmittelbar neben einem Düsenjäger zu stehen. Alle, die das wussten, hatten die Hoffnung aufgegeben. Wie sollte Romy mit so einer Beeinträchtigung jemals hören und sprechen können? „**Wenn du willst, dass dein Kind spricht, dann sprich mit ihm**", erklärte Frau Schmid-Giovannini vollkommen selbstverständlich am Anfang unseres gemeinsamen Weges. Und sie machte es uns vor. Sie sprach, spielte und lachte mit Romy, unabhängig davon, wie meine Tochter reagierte. Ich bekam eine Vielzahl an Anregungen, Wissen und Tipps, die ich jedoch nur mit Mühe sortieren konnte. Doch es galt: Jetzt oder nie! Ich hatte eine Woche Zeit und für Susanna gab es keinen Zweifel, dass alle Eltern in der Lage sind, alle wichtigen Informationen zu Hause mit ihren Kindern umzusetzen und sie somit zu fördern. Plötzlich war da jemand, der mich ernst nahm, der mich mit ins Boot nahm und mir mit auf den Weg gab: „**Setze um! Wir haben nicht mehr Zeit! Romys Entwicklung passiert JETZT!**" So deutlich hatte es bisher keiner ausgesprochen, und tief in meiner Seele war ich berührt. Endlich fühlte ich mich verstanden und abgeholt.

Fünf Jahre besuchten Romy und ich die Elternintensivkurse bei Susanna Schmid-Giovannini. Jedes Jahr hatten wir eine Woche Zeit für uns, für wirksame Therapie, für Austausch und für neues, so unendlich nährendes Wissen. Zwischendurch gab es Telefonate und Briefe und eine kleine Zeitschrift, den Newsletter des internationalen Beratungszentrums, mit Inspirationen, Erfolgsmeldungen von Betroffenen, Hinweisen auf Fachleute und viel Neuem und Wissenswertem als Anleitung.

Außerdem bekam Romy zehn Tage vor dem Schulanfang ihr erstes Cochlea-Implantat, das ihr das Hören unendlich erleichterte. Die Entscheidung fiel uns sehr schwer, da Ärzte uns zwar berieten, aber keiner bereit war, für uns eine Entscheidung zu treffen. Meinem Einwand: „Wie soll ich als Mutter diese große Entscheidung treffen, dass mein Kind implantiert wird und dazu noch, welches Implantat?" begegnete der Arzt damals mit den Worten: „**In keiner Rolle dieses Lebens haben Eltern und insbesondere Mütter diese Kompetenz und diese weitreichende Verantwortung. Nirgendwo sonst darfst und musst du einen so großen Entscheidungsspielraum beherrschen."** Das saß. **Er hatte recht.**

Was habe ich daraus gelernt? Ich habe hart gekämpft. Ich habe gelernt, dass nichts selbstverständlich ist und bin weit über meine Grenzen gegangen. Hinzu kam das Erlernen eines neuen Berufes. zehn Jahre arbeitete ich als Kauffrau in der Steuerberatung, um die Therapien meiner Tochter in der Schweiz bezahlen zu können. Dabei half ich anderen Menschen, genauso, wie ich mein Kind gefördert habe. Meine Familie war mir immer sehr wichtig und ich kümmerte mich um sie alle. Ich habe mich dadurch von meinem Mann entfernt und eine gescheiterte Ehe überwinden dürfen. Die Folge war, dass ich mit 30 Jahren so viel Kraft verbraucht hatte, dass ich mit anhaltenden Erschöpfungszuständen kämpfte, die beinahe in eine Erwerbsunfähigkeit und ein erneutes Aus führten.

Romy ist heute 31 Jahre alt. Sie hat nach dem Abschluss der Oberschule in einem anderen Bundesland ihr Fachabitur absolviert, denn in Sachsen und vielen anderen Bundesländern gibt es keine Möglichkeit für Gehörlose zum Abitur. Ihre Ausbildung hat sie danach erfolgreich abgeschlossen.

„Ihr Kind ist nicht normalhörig, wird nie normal sprechen lernen, nie eine normale Schule besuchen und nie einen normalen Beruf lernen", haben mir die Ärzte anfangs prophezeit. Heute weiß ich, dass diese Aussagen viel mehr über deren eigenen Grenzen und Vorstellungen aussagten als über die meiner Tochter und mich als Mutter. Romy hat viele Jahre in Nürnberg gelebt, 300 km entfernt von Dresden, und sogar ihren gehörlosen, Gebärde sprechenden Freund durch seine Leukämieerkrankung begleitet.

Aus dieser sehr persönlichen Erfahrung wuchs vor 22 Jahren ein Bedürfnis, mit gehörlosen Kindern zu arbeiten und ihren Eltern und Familien Hilfe zur Selbsthilfe weiterzugeben. Ich erinnere sie daran, an ihre eigene Kraft zu glauben und ermuntere sie, ihre Verantwortung zu tragen, ohne sie ihnen abzunehmen. Mutig sein, um sich für sich selbst und sein Kind einsetzen, darf nicht zulasten der eigenen Gesundheit gehen. Doch auch heute ist das bei vielen Eltern noch zu oft der Fall.

Ich lernte also meinen dritten Beruf, wurde staatlich anerkannte Logopädin und genoss die Verbindung zwischen neuem Wissen und den Erfahrungen mit Romy. Schnell war ich bereit, meinen weiteren Weg in die Umsetzung meiner persönlichen Ziele zu gehen und eröffnete meine eigene Praxis.

Und dann schenkt dein Kind dir ein Kind

Meine erstgeborene Tochter Anne war zwei Jahre älter als Romy, und sie war die beste Schwester, die wir uns alle wünschen konnten. Ich hatte ihr gegenüber oft ein schlechtes Gewissen. Es blieb sehr wenig Zeit neben den alltäglichen Anforderungen und Romys Förderung. Anne suchte sich ihre Nische im Familiengefüge und spann schon früh viele Kontakte außerhalb unserer Familie, für einen Teenager ganz normal. Trotzdem war ich überrascht, als sie mir mit nur 16 Jahren eröffnete, ein Kind zu erwarten. Es war knapp eine Woche vor der Eröffnung meiner Praxis. Anne war, trotz ihrer jungen Jahre, eine starke Persönlichkeit, und anfängliche Überlegungen aus ihrem Umfeld, ob nicht eine Abtreibung infrage käme, erstickte sie im Keim. Sie wollte das Kind auf die Welt bringen. War doch da auch die Beratungsstelle, in der viele wunderbare Voraussetzungen für junge Mamas versprochen wurden und die damit den Wunsch meiner Tochter, diesem kleinen Wesen sein Leben zu schenken, verstärkten. Zu gern schenkte sie den Argumenten der Behörden Vertrauen, die auch ihren eigenen Vorstellungen entsprachen und sie weiter untermauerten. Umsetzen und klarkommen durften und mussten wir als Familie letztendlich allein. Die Herausforderungen waren neben einem Entbindungstermin am Tag der Abschlussprüfung in Mathematik die Frage, wie es danach weiterging. Wie würde das Kind aufwachsen? Zu Hause? In der Kita? Wie würde Anne weitermachen? Abitur? Berufsausbildung? Wie ging es persönlich für Anne weiter? Mit ihren Freunden, ihren sozialen Kontakten, ihrer Persönlichkeit, als Mama, als Tochter, als Jugendliche? Zu all diesen Fragen gibt und gab es keine Beratung und man sieht diese Fragen auch nicht in ihrer existierenden Vielfalt und Bedeutung. Es sind Erfahrungen, die man im Verlauf der Zeit machen darf und machen muss. Ich hätte mir gewünscht, dass es auch dazu Hinweise und Impulse für Betroffene gegeben hätte. Denn ich denke, wenn man den „Feind" und die Herausforderungen kennt, wenn man also vorbereitet ist und hinschaut, kann man sich besser wappnen und reagieren.

Ich habe meiner Tochter mit 18 Jahren vorgeschlagen, auszuziehen. Meiner Intuition vertrauend war ich sicher, dass sie nur in diesem Sein mit ihrem Kind wirklich frei Mutter sein konnte. Mein Umfeld war entsetzt - ich im Vertrauen. Ich war selbstverständlich noch da, um meiner Tochter zu helfen und gemeinsam mit ihr ihre Verantwortung zu tragen, aber ohne sie ihr abzunehmen. Entscheidungen und Auseinandersetzungen mit Ämtern und Einrichtungen konnte sie unmöglich alleine ausfechten, denn dabei war unendlich Hilfe nötig. Sie war immer eine wunderbare Mutter, andererseits aber auch das Mädchen mit der aus meiner Sicht verpassten Jugend, die manchmal überforderte Frau mit den zurückgestellten Bedürfnissen und auch das Mädchen, das gern selbst noch ein wenig Kind gewesen wäre. Doch sie hatte sich für dieses Leben entschieden und wurde nun an den Erwartungshaltungen reifer Frauen und denen der Institutionen gemessen. Ohne die gesamte Familie wäre dieser Weg so nicht möglich gewesen. Familie bedeutet für uns Eltern, Großeltern, Geschwister, alle zogen an einem Strang. Wir stellten jedoch schnell fest, dass die anfänglich sanften Worte der Beratungsstelle mit all ihren Versprechen wie Seifenblasen zerplatzten. Unterstützung war zwar zugesagt worden, doch letztlich blieben wir mit den Herausforderungen alleine. Der Mut, den meine Tochter aufgebracht hatte, sich in dem Alter FÜR ein neues Leben mit Kind zu entscheiden, wurde vonseiten der Ämter wie folgt „belohnt": mit vielen Bewertungen, was der Zwerg noch nicht konnte und wie unstet ihre Mama sei und was alles anders sein müsste. Das machte die Situation nicht einfacher und half weder meiner Tochter noch uns als Familie wirklich weiter. Doch anerkennende Worte einer betagten Kinderärztin richteten uns, wenn auch kurzfristig, auf: „Frau Wagner, Sie wissen, dass ihre Tochter und ihre Enkelin etwas Besonderes sind?"

Annes großer Lebenstraum, Hebamme zu werden, schien geplatzt. Zu groß waren die Herausforderungen des Alltags und ein langer Prozess des Suchens und sich Findens zog sich durch die Zeit. Annes Kind war bei einer Tagesmutter, in der Kindereinrichtung und später in der Schule gut aufgehoben, doch Anne war geprägt von den äußeren Umständen. Von den Rückmeldungen an sie als Mutter, vom Unverständnis und den Erwartungen, die Erzieher und Lehrer ihres Kindes an sie hatten und dem was sie an Erwartungen an sich selbst hatte. Trotzdem schaffte sie es im Spannungsfeld zwischen Kleinkind, MutterSein und auch MenschSein, sich Ausbildungsstellen zu suchen. Sie begann eine Ausbildung zur Ergotherapeutin und erinnerte sich inmitten dieser Ausbildung daran, was ihr eigentliches Ziel war. Sie begeisterte in einem der Krankenhäuser so sehr, dass sie die Chance bekam, sich ein Jahr lang in einem Praktikum zu beweisen. Folgend waren jeden Monat ein Wochenende auf Station und eine erfolgreiche Ausbildung als Ergotherapeutin die Anforderungen an sie, um doch noch Hebamme zu werden. Mit 30 Jahren hat sie endlich ihr Ziel erreicht und lebt nun ihren Traum. Heute begleitet sie Frauen in den wunderschönsten und herausforderndsten Momenten ihres Lebens, nämlich dann, wenn sie Mütter werden.

Elternarbeit als Therapeutin

Vom ersten Tag an in meinen Praxen setzte ich meine Vision um. Ich zeigte Eltern den Weg, ein „Ja, ich kann"-Kind, das sich frei bewegt und entfaltet, großzuziehen und sich selbst zu glauben, dass sie es können, und zwar unabhängig davon, welche Hindernisse auftreten. Bis heute begegnen mir meine eigenen Erfahrungen in den Geschichten anderer, und das stimmt mich immer wieder aufs Neue sehr nachdenklich. 30 Jahre ist es seit meiner Begegnung mit Fachärzten her, die aufgrund einer schnellen Diagnose eine Prognose für die Zukunft eines Menschen abgaben, damit meinen Traum meiner eigenen Lebensreise komplett zerstörten und mich als Mama in den Ausnahmezustand versetzten. Trotzdem scheint sich nicht viel verändert zu haben.

In meinen Praxen erzählen mir Eltern immer wieder von ihren Ängsten, ihrem scheinbaren Versagen, ihrer Überforderung und ihrer Hilflosigkeit. Sie sind unsicher, ob sie kompetent genug für ihr Kind sind. Ihre Kinder sprechen nicht oder nicht richtig, sie verhalten sich anders, als es erwartet wird. Die Kinder sind zu langsam, sie machen nicht richtig mit, sie bleiben unter dem „normalen" Niveau. So sagt es zumindest das Umfeld. Zu Hause gibt es viele Übungsmomente, doch auch blockierende Kinder, Streit und Stress. Im Urlaub und am Wochenende klappt es manchmal besser, aber auch nicht immer.

Deshalb ist es mein Standard, dass wir gemeinsam mit den Eltern und den Kindern die Stunden in meiner Praxis gestalten. So wie es damals Susanna meiner Tochter und mir beigebracht hat, zeige ich Eltern im gemeinsamen Spiel ihre eigene Wirksamkeit. Wir reden nicht nur ÜBER etwas, wie erleben es gemeinsam. Im geschützten Rahmen schütten die Eltern mir häufig ihr Herz aus. Es sind Eltern, die ihre Kinder über alles lieben, das Beste für sie wollen, jedoch im Strudel der alltäglichen Anforderungen kaum Land sehen.

Da kommt die Mutter mit ihrem viereinhalbjährigen Sohn, den keiner versteht, auch sie selbst nicht. Nach zwei Jahren Therapie stehen neben fehlenden Fortschritten im Spracherwerb die Diagnosen Autismus oder ADHS im Raum und die Mutter wird ermahnt, gegen das aggressive Verhalten ihres Kindes vorzugehen. Er schlägt mittlerweile in der Kita und macht seinem Frust auf eigene Weise Luft. Niemand versteht, dass die Mutter ihr Kind nicht in eine Klinik gibt, um es als Autist diagnostizieren zu lassen. Sie ist selbst Erzieherin und wir treffen uns bei einem Vortrag, den ich in ihrer Einrichtung hielt. Als ich sie traf, war sie hilflos und verzweifelt. Dem Jungen konnten wir in kurzer Zeit helfen, sodass er in seinem Umfeld verstanden wurde. Seiner Mutter schießen noch heute die Tränen in die Augen, wenn sie sich an das damalige Unverständnis von Ärzten und Erziehern erinnert, und noch heute erzählt sie gerne: „Ute Wagner ist die Erste, die mir zugehört hat. Sie hat mich ernst genommen, angenommen und mir Hilfe angeboten." Ihr Sohn ist heute Leistungssportler und besucht das letzte Jahr der Oberstufe.

Eine andere Mutter ging mit ihrem sechs Jahre alten Kind von einem Logopäden zum anderen. Er war stumm. Die Prognosen der Fachleute hießen Hydrocephalus, geistige Behinderung und auf alle Fälle Hilfsschule oder sitzen bleiben. Diese Frau war selbst bei einem Ministerium angestellt und gab nicht auf. Sie lief Spießruten bei ihrem Kampf im Glauben an ihr Kind. Die restliche Familie und das soziale Umfeld erklärten sie für verrückt: Was genau hält sie denn als Mutter davon ab, die Behinderung ihres Kindes zu akzeptieren? Wir behandelten diesen Jungen in Intervalltherapie. Bis heute spricht er verlangsamt und ungern, aber deutlich mehr als am Beginn und auch verständlich für seine Gesprächspartner. Er besucht erfolgreich die Oberschule und zeigt passable Leistungen.

Die Eltern eines gehörlosen Mädchens, das mit 13 Monaten ein Implantat erhielt, ersehnten lange den versprochenen Spracherwerb. Auch bei ihr wurde die Diagnose Autismus in den Raum geworfen. Meine Tochter Romy lernte das Kind bei einer Weihnachtsfeier kennen. Die Kleine war damals dreieinhalb Jahre alt. Romy beobachtete sie eine Weile und ging dann zu dem Vater: „Dein Kind hört nichts. Sie muss anders angepasst werden." Die Eltern litten sehr unter den Diagnoseverdachten und ihnen lief die Zeit der kindlichen Entwicklung davon. Sie vertrauten bisher den Ingenieuren und den Therapeuten der betreuenden Klinik. Als sie dort ihre Vermutung aussprachen, dass ihre Tochter nichts hören würde, wurde diese mit einem Lächeln vom Tisch gewischt. Sie müssen akzeptieren, dass ihr Kind autistisch ist und nicht irgendwelche Auswege und Ausreden suchen. Ein Jahr später erfolgte dann doch ein Klinikwechsel. Unter neuer Behandlung veränderte sich das Mädchen und der Autismus war vom Tisch. Besonders tragisch ist, dass die Folgeerscheinungen solcher Fehleinschätzungen zum einen natürlich die Kinder tragen, aber auch die Eltern und das ganze System. Und die Eltern kämpfen am Ende auch den Kampf, oftmals allein.

Erst kürzlich kamen Eltern von weiter her zu mir mit einem dreijährigen Jungen. Seine Oma hatte ich einige Wochen vorher auf einem Kindergeburtstag in unserer Familie kennengelernt. Sie erzählte mir ihre Sorgen und wollte ihrem Enkel und damit seinen Eltern gerne helfen. Nachdem ich aufmerksam zugehört hatte, schilderte ich ihr meinen ersten Eindruck. Aus ihren Erzählungen vermutete ich eine Mutter, die sich schuldig an der zu frühen Geburt ihres Sohnes fühlt, die Angst hat, nicht zu genügen und die für sich keinen Raum findet, sich zu öffnen. Sie hatte zudem kein Gegenüber außerhalb der Familie, das ihr ihre eigene Großartigkeit und Wirkung für ihr Kind reflektierte. Wir haben also drei Termine vereinbart, viel gesprochen und in ihrem Kind „gelesen". Sie hat mir erzählt, was damals während der Geburt passiert war und wie es ihr damit geht. Ich war für sie da, offen, auf Empfang und habe ihr gesagt, was ich sehe und sie ermuntert, das zu tun, was sie gerade fühlt. Sie hat meine Empfehlungen auf so wunderbare Weise umgesetzt, dass schon in der vierten Stunde Dialoge mit ihrem Sohn möglich waren, in denen sich die beiden immer wieder für mehrere Minuten lautlich, stimmlich und gestisch gebannt folgten. Es war eine unglaubliche Energie spürbar, Mama und Sohn strahlten. Die Mutter kreierte immer wieder mit Leichtigkeit neue Muster und fing ihren Schatz mit ihrer Liebe und Offenheit auf. Noch weiß ich nicht, wie diese Geschichte weitergeht, noch kenne ich die Ursache des ausbleibenden Spracherwerbs nicht. Die kennt momentan noch niemand, aber wir bleiben dran.

Es gibt unzählige weitere solcher Geschichten. Allen liegt zugrunde, dass Eltern sich ein Kind wünschten und eine Idee davon hatten, wo die Reise hingehen sollte, solange, bis ein unvorhergesehenes Ereignis alles infrage stellt. Sei es ein schulisches Problem, eine frühe Schwangerschaft, ein „anderes", von Erwartungen abweichendes Verhalten, eine Behinderung, eine verzögerte oder ausbleibende Sprachentwicklung. Die Gründe sind vielfältig und dabei unwichtig. Eltern wird automatisch zugemutet, richtige Entscheidungen zu treffen. „Richtig" ist dabei die Erwartung des Umfeldes aus dessen Sicht, nicht unbedingt das, was in diesem Moment für Eltern und Kind „richtig" bedeutet.

Unter Therapeuten ist die Ansicht weitverbreitet, dass Eltern ihre Kinder in der Therapie eher ablenken und dem therapeutischen Erfolg eher im Weg stehen. Ganz schlicht und einfach ist die Meinung, dass sie nicht in diesen Prozess gehören. Oft sind Eltern uneinsichtig und überängstlich und sehen nicht ein, dass sie zu Hause üben müssen. Ich selbst bin diesem Typ Eltern bisher noch nicht begegnet und erlebe es in meinen Therapien anders. Selbst habe ich es anders gelebt und bin nicht nur aus meiner eigenen Historie überzeugt davon, dass Eltern die kompetentesten Partner für ihre Kinder sind und sie über alles lieben.

Aber was ist denn nun das Richtige? Wie sollen Eltern der Flut von Erwartungen, diesen Ratschlägen, Tipps und Übungsanweisungen gerecht werden? Wie sollen sie ihre Verantwortung tragen und dabei wie selbstverständlich reflektierte und unreflektierte Schuldzuweisungen annehmen?

Während der Zeit meiner eigenen psychophysischen Dauererschöpfung begegnete mir ein Verschenk-Text von Kristiane Allert-Wybranietz, den ich hier gerne teilen möchte:

GANZ SCHÖN VERMESSEN
Viele beurteilen lautstark mit gewichtiger Miene
Menschen in Situationen
in denen sie selbst noch nie handeln mussten.

Ich frage mich seitdem, ob ich tatsächlich mein Gegenüber beurteilen oder gar verurteilen kann. Allein diese Überlegung versetzt mich in den Moment des Innehaltens und ich gehe auf Empfang für den anderen. Das ist eins meiner Geheimnisse im Umgang mit Menschen und mein Geheimnis für meinen Erfolg.

Hinterfragt euch, liebe Eltern, ob und wie Behörden, Fachleute oder andere Menschen euch wirklich beurteilen können. Überlegt gut, ob ihr anderen Mei-nungen uneingeschränkt Raum gebt. Fragt den anderen, was er selbst erlebt hat und wie seine persönlichen Erfahrungen sind. Und anstatt euch schuldig zu fühlen, vertraut euch und euren Gefühlen! Ihr seid die Eltern eurer Kinder, ihr habt die Rolle der uneingeschränkten Kompetenz. Ihr seid euer ganzes Le-ben mit euren Kindern zusammen und ihlr liebt sie. Bleibt mit euch und euren Wünschen und Träumen verbunden und vor allem Glaubt an sie und an euch!

Werdet nicht müde, euch die Personen ins Boot zu holen, die eure Werte mittragen und bereit sind, MIT euch zu gehen. In jeder Krise liegt eine Chance, eure Chance und die Chance für eure Kinder!

Ich trage meine Mission weiter und habe das Ziel, immer mehr Therapeuten zu erreichen, um gemeinsam mit ihnen den Weg in eine neue Generation Therapeuten zu gehen: Damit jeder Mensch in seiner Umgebung den Thera-peuten findet, der ihm zuhört, ihn ernst nimmt und ihm hilft, seine nächsten Schritte zu gehen. Für die positive Entwicklung seines Kindes und der Erfüllung seines Lebenstraumes als Mama, als Papa und als Familie.

Ute Wagner ist staatlich anerkannte Logopädin, jahrzehntelang Unternehmerin, Kauffrau und Autorin und unterstützt Praxisinhaber*innen dabei, mit ihren Therapiepraxen therapeutisch erfolgreich und dauerhaft wirtschaftlich stabil zu sein.

Ute Wagner hat selbst zwei Praxen erfolgreich aufgebaut und führt diese seit fast zwei Jahrzehnten. Sie gründete darüber hinaus die UThE-Mentoring-Akademie und bietet Programme für Praxisneugründer bis zum gestandenen Unternehmer an. Die Teilnehmer profitieren von ihren exklusiven und auch sehr persönlichen Erfahrungen. Ute Wagner betreibt Pressearbeit und spricht offen über die Missstände in unserem Gesundheitswesen und den damit verbundenen Schwierigkeiten für die Therapiebranche.

Sie lebt mit ihrer Familie in Sachsen, nahe Dresden. Ute Wagner hat eine hörende und eine gehörlose erwachsene Tochter und bereits drei Enkelkinder.

info@uthe-mentoring-akademie.de
https://uthe-mentoring-akademie.de/

info@logopaedie-in-dresden.de
https://logopaedie-in-dresden.de/